내가 라틴아메리카에서
보고 들은 것들

중남미지역원 라틴아메리카

문화지도 06

내가 라틴아메리카에서 보고 들은 것들

중남미지역원 엮음

알렙

들어가는 글

　다양한 인종과 문화가 공존하는 라틴아메리카 지역은 때로는 태초의 신비로 때로는 열정의 얼굴로 우리의 낭만을 자극하고는 한다. 그럼에도 이 지역은 많은 이들에게 여전히 지리적 거리만큼 심리적 거리 또한 좁혀지지 않는 땅인 것도 사실이다. 책은 남미 최남단 아르헨티나를 시작으로 북미의 멕시코까지 33가지 색깔로 라틴아메리카의 역사와 문화에 대한 다양한 이야기로 구성되어 있다. 이런 면에서 이 책은 기행문이자 라틴아메리카의 여러 겹의 시간과 마주할 수 있는 교양서이기도 하다.

　이 책은 부산외국어대학교 중남미지역원(구 이베로아메리카 연구소)이 발행하는 웹진에 실린 '라틴아메리카 기행문'을 정리하여 엮어낸 책이다. 중남미지역원은 2009년부터 2018년까지 한국연구재단의 지원을 받아 라틴아메리카 전문도서관과 지식정보 서비스

체제를 구축하였다. 그리고 차세대 중남미 전문가를 양성하는 연구·교육 연계 프로그램을 개발·운영하였다. 또한 세계적 수준의 라틴아메리카 연구자 네트워크도 구축하였다. 특히 학술 연구 분야에서는 "라틴아메리카적 세계화"라는 연구 아젠다를 중심으로 다수의 논문과 연구서를 세상에 선보였다. 이중 일부 연구물은 해외에서 출간되어 그 학술적 가치를 인정받기도 하였다. 이외에도 연구소는 한국라틴아메리카학회 등 관련 학계와 소통하면서 다양한 형태의 학술 활동을 펼쳤다. 이러한 면에서 우리 연구소는 한국의 중남미 연구의 지평을 확대하고 그 수준을 심화시키는 데 일조하였다고 생각하며 감사함과 자부심을 느낀다.

또한 연구소는 10년간 HK 사업을 추진하면서 그동안 축적된 정보와 지식의 사회적 확산도 소홀하지 않았다. 이 책 역시 라틴아메리카에 대한 정보 공유와 소통을 위해 연구소가 기획한 '라틴아메리카 문화지도 그리기'의 일환으로 출판된 교양서이다.

라틴아메리카는 체 게바라나 탱고처럼 알면 알수록 사랑하고 싶어지는 마력을 가진 땅이다. 부디 이 책이 라틴아메리카에 대한 심리적 거리를 좁히고자 하는 모든 이에게 도움이 되길 바란다.

2018년 6월

중남미지역원 원장 임상래

목차

제2부 여러 겹의 시간을 걷다: 중남미 역사 도시 기행

제1부
내 마음을
매혹하는
나의 도시

중남미 문화 도시 기행

＿아르헨티나 로사리오 시에서의 크리스마스

장혜영

파라나 강변에 위치한 아르헨티나의 대도시 로사리오. ⓒ 장혜영

아르헨티나의 수도 부에노스아이레스에서 북서쪽으로 버스를 타고 다섯 시간 정도 가보자. 차창 밖으로 끝없는 팜파 평야에서 여유롭게 풀을 뜯고 있는 소들과 또 차로 몇 분을 달려야 하나씩 나오는 인적 드문 집들을 보다가 잠이 든다. 그러다 깨보면, 산타 페 주의 가장 큰 도시이자 코르도바 시와 더불어 서로 우리가 아르헨티나 제2의 도시라고 주장하는 로사리오 시에 도착해 있을 것이다. 그리고 그렇게 평원을 가로질러 도착한 내륙의 도시에 한여름에 떨어져 보면, 그야말로 찌는 듯이 더울 것이다. 게다가 천둥 번개라도 치기 시작하면 벼락이 내 머리 위에 바로 떨어지는 듯한 느낌도 받을 것이다. 산도 고층 빌딩도 없는 평원에 바로 떨어지는 벼락이 그리 무서운지 나도 로사리오에 가서야 알았으니.

처음 아르헨티나를 방문했던 2005년 겨울, 나는 로사리오(Rosario)라는 나름 예쁜 이름에 이끌려 이곳까지 내려왔다. 부에노스아이레스 절반 값의 숙박료나 사람들의 활기찬 모습, 깨끗한 거리 등이 마음에 들어서 2006년 크리스마스 휴가 때도 다시 이 도시를 찾게 되었다. 그런데 처음 멋모르고 왔을 때하고 이제하고는 또 좀 느낌이 달랐다. 약간 무뚝뚝한 면이 있는 이 도시 사람들은 나를 보고 "어디서 왔어요? 중국? 일본?" 이런 질문은커녕, 아이스크림 가게 청년은 그저 열심히 아이스크림

떠주기 바쁘고 야채 장사 아저씨는 야채 담아주기 바쁘니 어쩐지 좀 심심해지는 것이었다. 대신에 바가지를 씌우거나 잔머리 굴려 관광객한테 돈 뜯어내는 일은 전혀 없다. 새벽에 택시를 타도 기사가 묵묵히 센타보 단위의 잔돈까지 다 돌려준다.

로사리오가 내세울 만한 하나의 관광 거리는 여기가 바로 에르네스토 체 게바라의 출생지라는 점일 것이다. 하지만 어찌 된 셈인지 체의 생가 주인이 그 집을 내놓을 생각을 안 해서 그냥 임대 아파트로 쓰고 있단다. 온 라틴아메리카가 체를 상품화하고 있는 것을 생각한다면 의아스러운 일이다. 그래서 그런지 결국 체의 박물관도 그의 고향인 여기 로사리오가 아닌 엉뚱하게 코르도바 시에 지어졌는데 어쨌든 생가는 그렇게 관광객들을 내쫓고 있다 한들 로사리오의 서점이나 관광 상품 가게에는 체에 관한 책이나 체의 문양을 찍은 T셔츠나 달력 등을 부지런히 팔고 있었다.

로사리오의 생명이라 할 수 있는 곳은 바로 파라나 강이다. 사실 내가 이 도시를 처음 점찍었던 것도 브라질에서 봤던 파라나 강을 아르헨티나에서 보고 싶다는 생각에서였는데, 겨울의 파라나 강은 추운 강바람 때문에 이가 딱딱 마주칠 정도였지만 여름의 파라나 강은 이 뜨거운 평원의 도시에 한줄기 시원함을 주는 생명줄이나 마찬가지다. 다들 강에서 수영을 하거나 요트를 타거나 카누를 젓는 등으로 이 뜨거운 평원의 여름을 견디고 있었다.

여느 라틴아메리카 도시들마다 그 도시를 상징하는 그 도시 출신의 음악인이 있다. 로사리오의 경우는 피토 파에스(Fito Paez)가 그런 인물이다. 우리나라에는 메르세데스 소사와 함께 불렀던 노래 「그대에게 나의 마음을 바칩니다(Yo vengo a ofrecer mi corazón)」 정도가 알려져 있는데 가창력이 그리 좋은 편은 아니지만 기가 막힌 피아노 실력에다 빼어난 선율, 사람들의 속을 시원하게 해주는 직선적이고 비판적인 가사 등으로 인해 아르헨티나에서는 존경을 받는 대표적인 라틴 락 뮤지션이다.

피토 파에스는 고향 로사리오에 대한 무한한 사랑을 숨기지 않는데, 그가 최근에 낸 히트곡이 「당신 거기에 뭐가 있나요?(Eso que llevas ahí)」로, 이 로사리오의 파라나 강에다 바지선을 띄우고 그 위에서 피아노를 치며 뮤직 비디오를 찍었다. 피토 파에스는 여러 가지 재주도 많아서 로사리오에 사는 세 여자들에 대한 영화 「누구의 가터벨트인가?(De quien es el Portaliga?)」도 직접 감독해서 만들었다. 나는 부에노스아이레스의 개봉관에서 이 영화를 보았는데, 재치 있게 잘 만든 작품이었다.

나는 여느 로사리노들과 마찬가지로 운동도 하고 시장도 보고 길가에 꽃장수 할아버지가 파는 향기 짙은 하스민도 사서 꽂아놓는 등, 말 그대로 편히 쉬었다. 그리고 크리스마스이브에는 로사리오 주변의 작은 마을 베나도 투에르토에 다녀왔다. 크리스마스 당일 저녁에는 음악회에 갈 생각이었는데 낮에 좀 일찍 나가보니 로사리오의 중심가인 코르도바 거리마저 이른바 '명절'이라고 모두 철시를 해버린 상황이라 어쩔 수 없이 그 거리를 끝까지 걸어서 국기기념공원을 지나 파라나 강가에 도착해 유람선을 탔다.

로사리오 사람들이나 여기 친척들을 만나러 온 외지인들도
딱히 갈 데가 없는지, 배 안에는 가족 단위로 온 사람들이 많다.
나는 아들의 여자 친구까지 데리고 로사리오에 관광 온 친절한
가족들 틈에 끼어서 이것저것 조언까지 들으며 구경을 잘 했다.
그래서 배에서 내리면서 음악회 장소인 비야 오르텐시아(Villa
Hortensia)로 가려는데 도시의 북쪽에 있는 그곳에 어떻게 가는
게 제일 좋은 방법이겠냐고 한번 운을 띄워봤더니 자기들도 외
지인들인지라 길을 잘 모른다며 다른 사람들한테 다시 묻는다.
그러자 아까부터 다소 뚱한 표정으로 선글라스를 끼고 나를 쳐
다보고 있던 한 쌍의 남녀가 여전히 뚱한 태도로 말하길, "우리
지금 그 근처에 있는 엄마 집에 가니까 우리 차 같이 타고 가면
된다."는 것이었다. 나는 아까부터 '쟤네들 왜 기분 나쁘게 쳐다
보지?' 하며 언짢게 생각하고 있었는데 선글라스를 벗으니 남
자는 꽤 잘생긴 젊은이였다. 나보다도 약간 나이가 많은 연상의
여자는 멕시코에서 교환 연수 직원으로 몇 달 살고 왔다고 한다.
잘생긴 운전수는 내버려두고 여자들끼리 '키 작고 동글동글하
고 귀여운 멕시코 남자들'에 관한 수다로 꽃을 피우다 비야 오르
텐시아에 다다랐다.

비야 오르텐시아는 1890년에 건축된 오래된 귀족 저택으로
'Hortensia'는 여주인의 성이다. 이곳의 앞뜰에서는 매년 크리
스마스 때마다 아리엘 라미레스의 「미사 크리오야(Misa Criolla」
(1964)가 연주된다. 토착의 미사라는 뜻의 「미사 크리오야」는 국

로사리오 비야 오르텐시아에서 열리는 무료 음악회. ⓒ 장혜영

경일이나 행사 등이 있으면 어김없이 연주되는 아르헨티나의 국민 미사곡이나 마찬가지이다. 안데스 민속 음악의 선율과 리듬이 바탕이 되고 있고 가사도 라틴어가 아닌 스페인어로 불리며 반주 또한 케나, 삼포냐 같은 안데스 악기들로 한다. 그런데 이 국민 미사곡의 작곡가 아리엘 라미레스가 바로 산타 페 주 출신이기 때문에 로사리오에서는 벌써 11년째 시 차원에서 크리스마스 기념 행사로 무료 연주회를 비야 오르텐시아에서 하고 있다고 한다.

비야 오르텐시아에는 사람들이 바글바글하여 늦게 온 이들은 입장을 아예 포기하고 간이 의자를 들고 와 공연장 밖의 공원에 앉아 음악만 듣는다. 일찍 도착해 줄을 선 덕택에 앞줄에 앉게 된 내 옆에는 각자 따로 온 두 아줌마가 앉더니 둘이 서로 친한 사람들인 양 신나게 떠들기 시작한다. 대충 얘기를 들어보니, 어제 크리스마스 만찬 끝내고 오늘 오후쯤 딸이니 아들이니 가족들 다 떠나보내고 귀찮은(?) 남편도 TV나 보라고 집에 내버려둔 채 이제 저녁에 자신만의 크리스마스 시간을 즐기자고 그렇게 혼자 온 모양이었다.

그런데 둘 중 한 명이 우연히 친구를 만나 다른 자리로 옮겨 가는 바람에 혼자 남은 옆 아줌마는 이제 입이 심심하게 되고 말았다. 그래서 내가 그 아줌마를 위해 자원 봉사라도 하듯 떠듬떠듬 몇 마디 물어봤더니 한 마디 질문을 하면 열 마디 스무 마디가 나온다. 무슨 가이드인 양 비야 오르텐시아와 음악회의 역사에 대해 상세히 설명을 해주더니 자기는 매년 크리스마스 때마다 1년을 정리하는 하나의 개인적인 행사로서 이 음악회를 꼭 찾아온다고 했다. 그것은 비단 아줌마뿐만이 아니어서, 앞에 앉은 할머니도 매년 음악회에 오셨는지 올해의 악기 편성이 작년과 어떻게 다른지 옆의 손자뻘 되는 청년에게 설명해 주고 있었다.

나야 물론 이 곡을 좋아하기 때문에 작곡자의 고향에 와서 이렇게 크리스마스에 함께 듣는다는 게 내 딴에는 또 너무나 뜻깊은 일이 아닐 수 없었고 직접 보는 연주와 귀로 듣는 CD의 차이도 실감하게 되었다. CD로 들을 때는 잘 몰랐는데 직접 연주를 들으니, 안데스 악기 단 몇 개로 반주를 하는데도 합창단의 반주로 모자람이 없는 것이었다. 게다가 합창단의 연주 전에 본 미사곡에서 솔리스트를 할 가수 루이스 바레티(Luis Baretti)가 목도 풀 겸 아르헨티나 칸시온(canción)의 전설 아타우알파 유판기

(Atahualpa Yupanqui)의 곡들을 불러주었는데 사람들이 다 따라 흥얼거리는 것이 아닌가. 또 연주자들이 다 건물로 들어가 입장을 준비하고 있을 때는 레온 히에코(Leon Gieco)의 명곡 「오로지 신께 바라는 것은(Solo le pido a Dios)」 음반을 틀어주었는데, 또 모두가 따라 부른다. 나도 당연히 한마음으로 따라 불렀고. 내가 바른 삶을 살아가길 신께 요청한다는 그 아름다운 노래를 함께 부를 때, 나와 그 자리의 모든 로사리오 시민들 사이에는 아무런 벽도 없었고 그대로 '한마음'이 될 수 있었다.

여기서의 크리스마스는 우리나라 설 명절이나 마찬가지라 나 같은 이방인으로서는 조금 마음이 쓸쓸해지는 게 사실이다. 그래서 이때면 파티니 망년회니 해서 시끄러운 멕시코시티를 떠나 꼭 여행을 가는데, 여행지에서도 다들 가족과 함께하고 있는 현지인들을 보면서 그다지 기분이 좋지는 않았다.

그런데 로사리오에서 음악회를 함께하면서 마지막에 주최 측에서 나누어준 촛불을 켜고 「고요한 밤 거룩한 밤」을 개사한 「평화의 밤」이란 노래를 함께 부르면서 올 한 해를 보낼 때, 그리고 옆자리의 아줌마와 따뜻하게 인사를 나누고 헤어질 때 이렇게 행복했던 크리스마스가 정말 얼마만인가 싶었다. 지금도 아리엘 라미레스의 「미사 크리오야」를 들을 때면 이방인을 행복하게 해준 로사리오의 사람들이 생각나고, 언젠가는 다시 가보고 싶다는 그리움이 요동친다. "Gracias a los rosarinos!"

＿탱고, 테니스, 축구, 음악의 도시, 부에노스아이레스

장혜영

극장 자체가 볼거리인 콜론 극장. 도시의 상징인 오벨리스크 가까이 있다. ⓒ장혜영

피노 솔라나스(Valerie Jean Solanas) 감독의 「구름(La Nube)」 (1998)이라는 영화를 보면, 부에노스아이레스에는 1년 내내 비가 내리고 있고 그 비구름이 차츰차츰 내려와 우리 머리 바로 위까지 다다라 좀 있으면 우리를 아예 덮어버리고 말 것이라고 한다. 물론 그것은 1990년대 아르헨티나의 억눌린 현실을 특유의 영화적 상상력으로 은유한 것이다. 그런데 부에노스아이레스의 첫 인상이 정말 그 영화 속 대사 같았다. 이곳의 6월은 겨울이라 상당히 추운데 이상하게 또 비가 자주 오는 것이다. 그렇잖아도 라 플라타(La Plata) 강을 끼고 있어 원래 습한 이 도시가 추적추적 내리는 비 때문에 습기로 꽉 찬 데다 그 비를 뿌리고 있는 하늘의 구름들은 정말 이 도시를 내리덮고 있는 것 같았다.

아르헨티나의 수도 부에노스아이레스는 탱고의 발상지로 노래나 영화 등에서 낭만적인 도시, 돌아가고 싶은 곳으로 수없이 언급된 터라 휴가철에는 호텔을 잡기 힘들 정도로 관광객들이 몰려온다. 사실 그 이면에는 어두운 구석도 많다. 하지만 여러 가지 관람 문화를 즐기기에는 최적의 도시인 것도 부인할 수 없다. 일단 이 도시의 상징인 오벨리스크(El Obelisco) 가까이에 극장 자체가 볼거리인 콜론 극장(Teatro Colón)이 있다. 멕시코의 베야스 아르테스(Bellas Artes)와 같은 내부 장식을 한 벨 에포크

(Belle Époque) 시대에 만들어진 공연장으로, 전속 발레단, 오페라단 등의 수준 높은 공연을 감상할 수가 있다. 정작 내가 갔을 때는 극장 단원들의 장기 파업 끝에 한 해는 그냥 문을 닫고 극장 보수를 하기로 해 아무 공연도 보지 못했다.

그런 클래식이 부담스럽다면 영화관을 가도 좋은데 오벨리스크 주변에는 예술 영화 전용관도 여럿 있다. 코리엔테스와 디아고날 노르테 대로가 만나는 코너에는 'Cines Arteplex', 그리고 오벨리스크 건너 수이파차 거리에는 'Complejo Tita Merello'라는 전용관이 있어 시간만 나면 여기로 뛰어 들어가 평소 보기 힘든 라틴아메리카 영화들을 보고는 했다. 극장 자체는 낡았고 관객도 그리 많은 편은 아니라 이러다 문 닫는 거 아닌가 걱정도 했다. 그래도 옛 것을 워낙 아끼는 아르헨티나라 그런지 3년여에 걸쳐 부에노스아이레스에 갈 때마다 그 자리에 건재해 있어 안방처럼 익숙하게 드나들었다.

아르헨티나에는 라틴아메리카 전역에서 인기를 끄는 뛰어난 뮤지션들이 많고, 다른 나라의 뮤지션들도 원정 공연을 많이 오는 편이다. 오벨리스크를 통과하는 코리엔테스 대로의 페예그리니(Pellegrini) 역 주변의 공연장에 가면 늘 콘서트나 공연이 준비되어 있다. 마데로 항 근처의 '루나 파크(Luna Park)' 또한 1년 내내 공연 스케줄이 짜여 있는 전문 콘서트 장이다. 다만 이런 공연들은 밤새 놀고 돌아다니는 아르헨티나 사람들 특성상 일찍 시작해 봐야 밤 9시고, 보통 밤 10시 이후에 시작하는 경우가 많다.

만일 이런 음악 공연도 별로 좋아하지 않는다면, 그저 화끈

부에노스아이레스의 보카 거리의 풍경. ⓒ 장혜영

한 스포츠나 즐기고 싶다 하면, 언제나 볼 것 천지인 곳이 이곳 부에노스아이레스이다. 남아메리카에서 가장 인기 있는 두 프로축구팀 '보카 주니어스(Boca Juniors)'와 '리버 플레이트(River Plate)'의 홈구장이 여기 있지 않은가. 하지만 아르헨티나에서 축구장에 갈 때는 어느 정도 각오를 해야 한다. 축구장 폭력에 각오하라는 것이 아니라 철저한 보안 검색 때문에 지갑 외에는 아무것도 안 가져가는 게 좋다는 말이다. 사실 아르헨티나는 멕시코와는 달리 보안 검색 같은 걸 잘 하지 않는 편이나 축구장만은 예외이다. 동네로 보면 리버 플레이트의 홈구장 'Estadio Monumental'이 더 좋아 보이지만, 최근에 사고를 워낙 많이 쳐서 경기장 내 분위기는 좀 험악할 수 있다. 서민 동네에 있지만

리버 플레이트 팀의 홈구장 엘모누멘탈.ⓒ장혜영

최근에 거의 사고가 없었던 곳이 보카 지구에 있는 보카 주니어스의 홈구장 'La Bombonera'이다. 하지만 '위험하다, 험악하다' 해도 단체 응원석과 떨어져 있는 지정석 표를 끊으면 괜찮다.

축구 외에도 볼 것은 많다. 봄여름에 도착한다면 푸른 잔디밭 위에서 말을 타며 공을 모는 폴로(Polo)도 박진감 넘치는 볼거리이다. 그리고 테니스 경기도 볼 만하다. 한때 세계 랭킹 Top 10에 세 명의 이름을 올리기도 했던 아르헨티나는 라틴아메리카에서 으뜸가는 테니스의 나라이다. 매년 2월에는 ATP 남자 프로 테니스 투어 대회가 열린다. 부자 관광객들의 관람을 타깃으로 하는 칠레나 멕시코와는 달리 부에노스아이레스의 투어 대회는 리조트 지구에서 개최된다. 도시 통근 열차를 타고 가서 내리면 시내 한복판 팔레르모 공원에 바로 도착한다.

하지만 '부에노스아이레스' 하면 사람들이 가장 환상을 품는 게 역시 탱고(Tango, 땅고) 아닐까. 영어식 발음을 따라 우리나라에서는 '탱고'라 불리는 '땅고'는 보카항에서 시작되었는데 사실 그 기원은 우리 생각처럼 우아한 사교댄스가 아니라 선술집에서 창녀와 건달들이 추던 다소 '상스러운' 춤이었다. 그것이 '색다른 재미가 있더라' 해서 유럽 사람들이 흉내를 내어 추되 스타일을 조금 바꾸어 무난한 사교춤으로 둔갑시킨 것이 '콘티넨털 탱고'로, 스포츠댄스나 사교댄스에서의 탱고는 이 콘티넨털 탱고를 주로 말한다. 사람의 말초신경을 자극하는 듯한 미묘한 소리를 내는 반도네온이란 악기를 쓰고, 여성의 반누드 사진을 붙여 악보를 출판한 데서도 볼 수 있듯, 초기 아르헨티나 탱고는 하층 문화 그 자체라 할 수 있었다. 하지만 이 탱고 리듬에 가사를 붙여 삶의 애환을 노래하기 시작하면서 점차 대중화하게 되었다. 거기에 결정적인 역할을 한 것이 20세기 초반의 명가수 겸 작곡가 카를로스 가르델(Carlos Gardel)이고, 실내악과 탱고를 접합하여 연주음악으로서의 탱고를 개척해 탱고를 음악의 한 장르로 끌어올린 이가 후세대의 아스토르 피아졸라(Astor Piazzolla)이다. 이 둘은 아르헨티나 탱고계의 양대 축이라 할 수 있을 것이다.

이러한 탱고를 즐기기 위해서는 여러 가지 방법이 있다. 일단 탱고의 발상지인 보카 지구의 탱고 바들을 가보자. 초창기 탱고 바의 분위기를 즐기기에는 그만이지만 춤 실력과 연주 실력이 최상급인 건 아니다. 조금 더 높은 수준의 탱고를 보고 싶다면, 가르델이 자랐던 곳이라고 지하철역 이름도 '카를로스 가르델'이 된 아바스토 지구에 있는 탱고 전문 공연장을 찾으면 된다. 그런데 여기에서도 조심해야 할 게 있다. 말이 탱고지 가끔은 아주 실험적인 공연을 하는 경우가 있다. 예전 스웨덴 왕립 발레단 출신의 현대 무용 안무가가 전위적으로 안무를 한 '물의 탱고' 공연을 보러 갔는데, 한 관광 가이드가 일본인들로 보이는 장년의 단체 관광객들을 죽 데리고 들어오는 것이 아닌가. 탱고 보여 준다고 여기에 데려온 모양인데, 그 사람들이 이 오묘하기 짝이 없는 현대 무용 작품을 보며 얼마나 지겨웠을까. 뭐 저리 센스 없는 가이드도 다 있나 싶었다.

그냥 일반적인 수준의 탱고 공연으로는, 보르헤스 문화센터에서 하는 공연도 괜찮다. 여기서는 한 달 정도 단위로 탱고 전문 팀과 계약을 해 요일을 정해서 정기적으로 공연을 올린다. 나는 여기서 세 커플의 무용수에 전속 연주팀이 딸린 'Bien de Tango' 팀의 공연을 봤는데, 리듬이 복잡해 스텝 잡기가 힘든 피아졸라의 곡에 맞춰서도 노련하게 춤추는 댄서들을 보니 프로가 달리 프로가 아니구나 싶었다.

하지만 내가 본 탱고 공연으로서는 2006년의 마지막날 오벨리스크의 야외무대에서 했던 다니엘 바렌보임(Daniel Barenboim)과 콜론 오케스트라의 공연이 최고였음에 틀림없으리라. 다니엘 바렌보임은 피아니스트 겸 지휘자로 클래식 음악계의 거장 중 한 명인데 아르헨티나에서 태어난 유대인으로 나중에 이스라엘에 귀화하였다. 유럽의 신년에 맞춰 생중계도 되었던 이 공

아르헨티나의 연인이라 불리는 카를로스 가르델의 초상과 그의 작품 악보가 그려진 아바스토 지구의 한 건물. ⓒ장혜영

연의 탱고 음악 연주는 정말 좋았다. 거장 바렌보임이 정성껏 편곡한 가르델과 피아졸라의 곡들에다 '탱고의 성가(himno)'라 불리는 라 쿰파르시타(La Cumparsita)까지……. 이 곡은 워낙 유명해서 우리나라 카바레에서까지 악단들이 연주하고는 했는데, 그게 그저 그런 단순한 곡이 아니라 나름 섬세한 표현을 지닌 곡임을 바렌보임의 연주를 통해서 알았다. 나중에는 유명 탱고 댄서들인 모라 고도이(Mora Godoy)와 후니오르 세르빌라(Junior Cervila)가 나와 '아르헨티나 탱고란 이런 것'이라며 기가 막힌 춤까지 보여주었으니 뭘 더 바라랴.

하지만 공연 중간에 바렌보임이 했던 한마디는 좀 껄끄럽게 들렸는데, "아르헨티나는 유럽 사람들이 만든 나라나 마찬가지

지요."라는 말이다. 일단 다민족 이민 국가에서 공식적으로 할 말은 아닐뿐더러, 바렌보임 같은 유대인들이나 이스라엘 사람들이 갖는 사고방식을 딱 보여주는 말인 듯해 거북스러웠다. 히틀러가 좋아했던 음악이란 이유로 이스라엘에서 금기시되던 바그너의 곡을 최초로 연주한 용기 있는 사람도 바렌보임이었으니, 정치 감각이 없는 예술가의 별 뜻 없는 말이라 그냥 넘어가는 게 도리일 것 같았다. 견디기 힘들었던 더위와 가끔 감상을 방해하던 외국인 관광객들의 소란을 제외하면 잊을 수 없는 추억의 탱고 연주회로 남을 것 같다.

___스타벅스와 아르헨티나의 '세계화'

구경모

부에노스아이레스의 스타벅스 매장. ⓒ 구경모

언제부턴가 세계화를 논할 때면, 사회학자인 조지 리처 (George Ritzer)가 언급한 맥도날드화(McDonaldiztion) 혹은 미국화(Americanization)를 떠올린다. 왜냐하면 세계의 어느 지역을 여행하든지 우리는 맥도날드식 체인점으로부터 벗어나기 힘들다는 사실을 깨닫기 때문이다. 라틴아메리카도 예외가 아니다. 그러나 아르헨티나는 특이하게도 맥도날드식 체인점이 고전을 면치 못한 대표적인 중남미 국가였다. 세계적인 프랜차이즈 업체들은 수도인 부에노스아이레스에서 줄줄이 철수하였다. 그러한 대표적인 업체가 바로 피자헛과 KFC, 배스킨라빈스, 던킨 도너츠 등이다.

아르헨티나는 19세기 후반과 20세기 초에 이탈리아와 스페인계 이민자들이 대거 정착한 유럽계 이민자 국가이다. 이런 영향으로 아르헨티나의 음식 문화는 이탈리아를 비롯한 유럽 스타일을 지향하고 있다. 미국식 피자의 대명사인 피자헛이 실패한 것은 이탈리아식 피자를 선호하는 아르헨티나 사람들의 문화적 취향을 반영하는 것이다. 흥미롭게도 최근 아르헨티나에서는 스타벅스가 성공을 거두면서 맥도날드식 체인점이 서서히 기지개를 펴고 있다.

내가 아르헨티나의 수도를 처음 방문한 것은 2005년 5월

스타벅스 매장 안에 커피를 주문하기 위해 기다리는 사람들.ⓒ구경모

로, 아르헨티나에 거주하는 파라과이 이민자 연구를 위해서였다. 그 당시만 하더라도 부에노스아이레스에서는 스타벅스를 찾아볼 수가 없었다. 그 후로 부에노스아이레스를 다시 방문한 것은 거의 6년 뒤인 2011년 2월 초 무렵이었다. 내가 멕시코 FLACSO(라틴아메리카 사회과학원)에서 아르헨티나 거주 파라과이 이민자에 관한 연구를 발표한 후 그 모습을 본 이베로아메리카 대학교의 인류학과 교수가 아르헨티나 출신의 제자인 파트리시아(Patricia) 박사의 연락처를 건네줬다. 그녀도 아르헨티나의 파라과이 이민자에 대해 연구했었다. 마침 학술대회 후 곧장 아르헨티나로 갈 계획이어서 그녀를 만날 수 있었다.

나는 부에노스아이레스 호텔에 도착해서 그녀에게 전화

를 하고 약속 장소를 잡았다. 그녀는 알토 팔레르모 쇼핑(Alto Palermo Shopping)의 스타벅스에서 만나자고 하였다. 스타벅스에서 만나자는 이야기를 듣고 흠칫 놀랐다. 알토 팔레르모 쇼핑은 부에노스아이레스에서 유명한 쇼핑몰로서 필자도 익히 잘 알고 있었지만, 스타벅스가 입점했다는 것은 금시초문이었다. 또한 아르헨티나 사람들은 스페인식의 코르타도(cortado: 스페인어로 '잘려진'이라는 뜻이다. 보통 에스프레소에 소량의 뜨거운 우유를 곁들인 커피를 지칭하는데 커피와 우유의 경계가 잘린 것처럼 명확하다고 붙여진 이름)를 좋아하기 때문에 스타벅스가 여기서 버텨낼 수 있을까라는 의구심도 함께 들었다.

알토 팔레르모 쇼핑에 도착한 순간, 필자의 걱정은 기우에 불과하다는 것을 깨달았다. 사람들은 커피를 주문하기 위해 출입구 밖까지 줄을 서 있었다. 줄이 너무 길어서 파트리시아를 기다리는 동안 커피를 주문할 엄두조차 나지 않았다. 30분쯤 기다리니 파트리시아가 눈앞에 나타났다. 호기심 섞인 눈으로 공통의 관심사를 제쳐두고 그녀에게 언제부터 스타벅스가 생겼으며, 왜 이렇게 인기가 좋은가를 먼저 질문했다.

그녀는 극심한 인플레이션을 타개하기 위해 메넴(Menem) 정부가 1992년에 1달러를 1페소로 고정시키는 환율 정책을 취한 탓이라고 분석하였다. 즉 페소의 가치가 상승하여 아르헨티나 국민들은 미국 유학 및 해외여행을 쉽게 가게 되었고, 그러면서 해외에서 프랜차이즈 업체들을 많이 접하면서 친숙하게 된 것이 원인이라고 말하였다. 특히 2000년대 초 경제 위기를 극복하기 위해 키즈네르 정부가 2003년에 페소의 평가절하와 고환율 정책을 쓰면서 메넴 정부 시절에 미국으로 떠났던 유학생들이 대거 자국으로 돌아온 것도 영향을 미쳤다고 설명하였다.

파트리시아의 설명을 듣고 있으니 내가 2000년대 중반에 이웃 국가인 파라과이에 머물렀을 때. 파라과이 사람들이 자주 했던 말이 떠올랐다. 그들은 아르헨티나 사람들이 영어 단어를 많이 구사한다고 입버릇처럼 이야기하였다. 실제로 아르헨티나의 TV 프로그램과 광고, 잡지 등을 보면 영어를 쓰는 비율이 한국과 비슷할 정도로 그 빈도가 높다. 이미 언어적인 측면에서도 그 시기에 아르헨티나가 상당히 미국화되었다는 것이 스타벅스의 성공과 함께 서로 연상되었다.

___리우데자네이루의 길거리 카니발

임두빈

카니발을 즐기는 관공서 안의 판타지언들. ⓒ임두빈

파스 템포(Faz tempo, 이 얼마만이냐)! 오랜만에 다시 찾는 '히우 지 자네이루(Rio de Janeiro)!' 아니다. 우리나라에서는 '리오 데 자네이루'. Opa! 다시 정정. 국립국어원에서 외래어 표기법으로 정한 '리우데자네이루'가 우리나라에서 사용해야 하는 올바른(?) 표기법이다. '히우'로 불리든 '리우'로 불리든, 어쨌든 간에 이 매력적인 도시에 그리고 가장 환상적인 시기인 카니발 기간에 나는 히우를 찾아갔다. 이전 행선지였던 미나스제라이스(Minas Gerais) 주의 '벨로오리존치(Belo Horizonte)'의 팜풀랴(Pampulha) 국제공항에 밤 9시에 도착해서 잠시 벨로를 회상해 본다. 여행객은 둘째로 치고 전공자들에게조차 벨로오리존치가 브라질에서 가장 처음 설계된 계획도시라는 사실을 아는 이는 드물다.

'주셀리누 쿠비체크(Juscelino Kubitsch)' 전 대통령이 벨로의 시장으로 있던 시절에 브라질을 대표하는 건축가이자 도시공학자인 오스카르 니마이어(Oscar Niemeyer)에게 벨로오리존치의 도시설계를 맡겼었고, 그들의 인연은 이후 1960년에 이전한 연방수도 '브라질리아'의 건설로까지 이어진다.

벨로오리존치. '아름다운 지평선'이란 뜻인데 실제로는 지평선을 찾아보기 힘들다. 7년 전 내가 상파울루에서 직접 끌고 왔던 애마 폭스바겐 Gol('골프'의 아래 버전)이 곳곳에 산재한 돌길

벨로오리존치 도시 전경. ⓒ임두빈

언덕길에서 쩔쩔매던 기억이 새삼 다시 떠올랐다. 예전의 추억
을 뒤로 하고 친구들과 '히우'의 정열이 기다리고 있는 '산투스
두몽(Santos Dummon)' 공항으로 출발하였다. '1시간 남짓한 비
행 거리인데 금방이지 뭐.' 그런데 탑승 시간이 임박했는데 왜
탑승 게이트가 열리지 않는가 하던 순간, 안내 멘트가 흘러나온
다. "기체 문제로 비상점검 중이니 잠시 기다려 주시기 바랍니
다." 곧이어 이 '잠시'가 결국 2시간의 기다림으로 이어졌다. 비
행 시간보다 더 기다려야 한다는 지루함과 함께 괜히 저가항공
을 이용했나 하는 불안감이 들었다. 그래도 비행 기종은 최신이
던데…… 하고 위안을 해봤다.

흔히 있는 일인 양, 다른 승객들은 별다른 동요가 없다. 인터

브라질리아 북쪽에 위치한 텔레비전 탑에서 내려다본 브라질의 연방수도 브라질리아의 전경.
멀리 국회의사당의 모습이 보인다. ⓒ 임두빈.

넷 혹은 독서를 하거나 아니면 일행들과 함께 즐겁게 담소를 나
눌 뿐이다. 카니발 기간이라 그런지 다들 관대하다. 하지만 혼
자인 나는 무지 심심했다. 심심해서 포켓북을 세 권 샀다. 이런
(meu Deus)! 책 값을 계산하면서 바로 후회가 밀려온다. 포켓북
치고는 너무 비싸다.

　지겨움을 뒤로하고 드디어 출발하였다. 비행기 연착에 따른
또 하나의 변수가 발생했다. 원래 도착지인 산투스두몽 공항이
밤 12시 전에 문을 닫는 관계로 갈리아웅(Galião) 국제공항으로
기수를 돌린 것이다. 친구들은 산투스두몽 공항에서 나를 기다
리는데, 어쩌자고…… 여기서 잠깐! 친구에게 핸드폰으로 연락
하면 안 되냐고? 여기는 한국이 아니다. 내 현지 친구들은 거의

핸드폰을 사용하지 않는다. 무선 통신료가 너무 비싸기 때문이다. 각 주마다 통신사가 다르기 때문에 주만 벗어나면 거의 국제전화 요금 수준이다. 전화를 받아도 돈이 나간다. 그뿐만 아니라 '히우'는 산투스두몽 공항에 내려야 제 맛이다. 오랜만에 다시 찾은 '히우'. 착륙하기 전에 한 바퀴 선회하면서 세계 3대 미항 중의 한 곳으로 꼽히는 절경을 보여주는 기장의 센스를 맛보고 싶었는데 아쉬웠다.

그나마 다행히도 항공사에서 산투스두몽 공항까지 공항버스를 제공해 준단다. 목적지에 도착하니 이미 새벽 1시 반이다. 공항에서 기다린다는 친구는 온데간데없다. 하기야 공항 문을 닫았으니 어디서 기다리겠는가. 자 이제부터 탐정놀이를 할 시간이다. 전화 통화가 불가능한 상황에서 브라질 사람의 특성과 내가 아는 '친구'로서의 특성을 최대한 감안하여 그 '친구'의 행동반경을 유추해 내야 했다. 그 과정은 구구절절하니 생략하기로 하고 결론적으로 나는 무사히 친구를 찾았고 하룻밤 묵을 집에 무사히 도착했다. 사실 카니발 기간에 '히우'에서 호텔을 잡기는 매우 어렵고 비용 또한 어마어마하다. '히우'에 아는 사람이 있다는 것 자체가 신의 축복(Graça a Deus)에 다름 아니다.

내가 묵은 동네 이름은 산타테레사(Santa Teresa). '히우'에서 유일하게 전차가 다니는 지역이다. 이 전차는 1750년 식민 시대에 축조된 270미터 길이의 로마식 아치형 수로(Arcos da Lapa) 위를 아슬아슬하게 달리는 '히우'의 명물이다. 포르투갈 리스본의 28번 전차에 비견할 수 있으려나? 숙소에 도착해서 피곤한 몸

산타테레사로 향하는 전차가 지나가는 수로교인 아르코스 다 라파.

출처: wikipedia

을 뉘었다. 18세기에 지어진 2층짜리 대저택인데 문화유산으로 지정되어 함부로 개보수도 할 수 없다고 한다. 내 친구 왈, 지금 이 방이 바로 과거 식민 시대 노예들의 공간이었던 센잘라(Senzala)였다고 한다. 오, 역시 고도(古都)에 오니 역사의 숨결이 감겨 온다.

카니발 기간에는 더 부지런해야 한다. 오전 6시에 기상. 각자 개성 있게 분장(?)을 하고 전차에 올랐다. 시내에 위치한 역사 지구에 도착하니, 시간은 오전 7시 16분이다. 벌써 히우시립극장(Teatro Munincipal) 앞에 신나는 밴드 소리와 함께 인파가 몰리기 시작했다. 동서남북 사방을 둘러봐도 평상시 복장을 한 사람은 아무도 없었다. 세상에서 가장 큰 가면무도회가 열린 공간에

삼보드로무 경기장의 퍼레이드.

출처: www.rentanapartmentinrio.com/sam_esp.html

서 시작된 것이다.

흔히 브라질 카니발 하면 외신을 통해 보도되는 삼보드로무(Sambódromo)라는 경기장에서 벌이는 퍼레이드를 떠올리게 된다. 하지만 진정한 '히우' 카니발은 역시 길거리 카니발이다. 비록 화려함이나 노출 수위도 떨어지고 상도 상금도 없지만 모두들 자발적으로 각자 개성 있는 판타지 분장을 한 채 벌이는 '야자 게임'. 그 순간만큼은 부자도 가난한 이도 상사도 부하도 존재하지 않는다. 아니, 존재하지 않기로 약속하는 것이다. 그 현장에서 뿜어 나오는 에너지와 매력은 직접 경험하지 않고서는 느낄 수가 없다. 아! 물론 포르투갈어를 할 줄 알면 즐거움은 배가된다. 영어만 할 줄 알아도 1.5배 정도? 상상해 보라. 이른 아

치라덴치스 궁전 앞에 몰려든 인파. ⓒ임두빈.

침부터 버스나 지하철 같은 대중교통 수단에 꿀벌 의상을 입은 가족이 탑승하고, 수염이 덥수룩한 남자가 비키니를 입은 채 립스틱 짙게 바르고 내 옆자리에 앉는다. 그리고 예전부터 잘 아는 사람처럼 친근하게 서로 인사를 나누고 대화를 즐긴다. 우리처럼 2인칭 호명이 자유롭지 않은 문화권 사람들은 당장 불편함을 느끼지만, 이들은 자연스럽다. 부럽기는 해도 내가 브라질 사람이 될 수는 없는 노릇이다. 문화에 절대적인 척도는 없다는 원론적인 말을 곱씹었지만 왠지 부러웠다. 사실 여기도 이 모든 게 카니발 기간에만 가능하다. 카니발 기간이 끝나도 그런다면. 이 사회에서조차 금치산자에 속한다고 보면 된다. 판타지 복장을 하고 3일을 길거리에서 방황하다 보니 이제 일상이 되어버린 느

길거리 버스킹 밴드. ⓒ임두빈

껌이다. 마치 장자의 장주몽접(莊周夢蝶)을 연상케 한다. 나비가 꿈을 꾸는지 인간인 내가 나비 꿈을 꾸는 건지……. 아무튼 카니발 기간 동안 '히우'에서는 자신이 원하는 '내'가 될 수 있다. 물론 카니발 기간에 불미스러운 일도 많이 생긴다. 치안 공백이 생기기 쉬워 갱단끼리 보복 전쟁이 일어나기도 한다. 강도 사건, 치정에 얽힌 사건도 많이 발생한다. 아주 가까이는 노상 방뇨 문제를 쉽게 접할 수 있다. 날이 더운지라 음료수, 특히 맥주 소비가 엄청나서 간이화장실을 곳곳에 세워도 그 많은 인파를 감당할 수가 없다. 혹시 누군가 카니발 기간에 리우에 갔을 때 근처에 다리나 골목이 있다면 눈길을 돌리지 말라고 권유하고 싶다. 하지만 선택은 본인의 자유다.

카니발 기간에는 상당한 체력이 요구된다. 각종 신문, 잡지에는 강장제 선전이 난무한다. 인삼도 물론 빠지지 않는다. 그리고 카니발 하면 떠오르는 전형적인 이슈가 있다. 난잡하고 무분별한 이성 관계. 글쎄, 우리가 보고 싶어하는 모습을 그들에게 강제하는 게 아닐까? 모든 게임에 룰이 있듯이 그들도 그들만의 룰이 있다. 우리와는 다르지만 인간의 보편적인 감성은 우리와 별반 다르지 않다고 감히 생각한다. 물론 내가 볼 수 없는 세계도 있겠지만.

이제 다시 나그네로 돌아가야 할 시간이다. 친구들의 아쉬움과 염려스러워하는 모습을 뒤로한 채 다음 목적지로 이동하기 위해 시외버스 터미널로 향했다. 중간에 삼보드로무를 지나쳤다. 밀집된 관람객들, 터져 나오는 앰프와 폭죽 소리, 대낮처럼 밝은 조명…… 그것들의 근처였지만, 그 규모와 열기를 고스란히 느낄 수 있었다. 하지만 일종의 경기이고 상업적인 볼거리일 뿐이다. 거기에 비하면 길거리 카니발은 나를 해방시키고 모두를 해방시키는 마법을 부리는 집단의식이다. 이제 막 그 마법에서 깨어난 나는 다시 혼자가 됐다. 밤 12시에 가까스로 버스터미널에 도착했다. 상파울루까지 대략 6시간. 아직 카니발이 끝나지 않아 승객이 별로 없다. 반(半)침대차(semi-leito) 좌석에 편하게 몸을 실었다. 나도 모르게 슬며시 눈시울이 젖어든다. 슬픔의 눈물인가? 아니다. 아쉬움? 역시 아니다. 나비 꿈을 꾸다가 잠에서 깨어난 장자의 기분이 이랬을까? 다시 내 입가에 미소가 지어진다. '히우'에서 만난 사람들의 미소는 정말 아름다웠다.

[外傳]

　다음날 새벽 6시에 상파울루 시외버스터미널(Tiête)에 내렸다. '히우'와는 다른 썰렁한 분위기. 역시 브라질은 단일 국가가 아니라는 생각에 다시금 확신이 간다. '히우'에서 출발한 시외버스 안에서 알게 된 독일 청년과 지하철 환승역인 쎄(Se)에서 다시 마주쳤다. 이 친구, 밤새 버스 안에서 잠도 안 자고 노트북을 꺼내 열심히 찍은 사진을 정리하더니 지하철 승강장 의자에 앉아서 졸고 있다. 그런데, 이 친구. 배낭이 없다. 혹시나 싶어 깨워보니 역시나……. 조는 사이 누가 들고 간 모양이다. 인적도 드문 이른 시간이니 조심했어야지……. 전화카드 사고 교통비로 쓸 수 있는 정도의 돈을 건넸다. 그는 당연히 고마워했다. 그는 내게 연락처를 달라고 했으나 무의미하다. 나도 어느새 당당한 OECD 국가의 국민이 된 것일까…….

——대자연, 산 페드로 데 아타카마

김순배

아타카마 시내 광장 옆, 하얀 지붕의 산 페드로 성당이 눈에 들어온다. ⓒ 김순배

90° 는 모자라다. 최소 180°, 360°를 담을 카메라 렌즈가 필요하다. 파노라마, 광활함, 대자연…… 어떤 표현으로 말할 수 있을까? 말 그대로 '말라버린' 대지가 끝없이 펼쳐진 그곳, 칠레 북쪽 산 페드로 데 아타카마(San Pedro de Atacama) 사막이다.

모두가 추천했을 때도 그 대자연을 가늠하지 못했다. 떠났다. 가는 길, 민둥산을 지나 비행기 창 너머 초록이 사라진 지 오래였다. 산티아고에서 비행기로 약 2시간, 칼라마. 세상에서 가장 건조한 곳 가운데 하나라는 이곳에 발을 디뎠다. 모래가 바람에 날려 눈을 찔렀다. 줄지어 선 승합차들이 관광객들을 기다렸다. 다시 차로 40분, 산 페드로 데 아타카마에 이르렀다. 시내 북쪽의 황야에 호텔이 덜렁 자리를 잡았다.

머리가 띵하니 어지럽다. 해발 고도 2400미터. 말로만 듣던 고산병 증세다. 아내와 8살 딸은 멀쩡한데, 나만 비실댄다. 호텔 직원에게 뭔가 도움이 될 게 없나 물었더니, 뜨거운 물과 코카 잎을 잔뜩 가져왔다. 코카 차 덕인지, 한숨을 잔 덕인지, 머리는 두어 시간 뒤 훨씬 좋아졌다.

뜨겁던 해가 졌다. 누워 하늘을 본다. 별이 하늘에 그득하다. 그렇다. 반짝, 반짝인다. 꽤 오랫동안 보지 못했던, 별로 가득 찬 하늘이다. 아내가 뿌옇게 보이는 게 은하수란다. 엄마가 딸에게 별자리를 한참 설명해 준다. 별 세기는 이어진다. 보름이라 별

진흙에 건초 등을 섞은 어도비로 쌓아 올린 담장 길이 있는 아타카마 시내.ⓒ 김순배

구경 투어가 취소됐다고 해서 가지 않았는데 그리 아쉽지 않다. 이 지역이 세계적으로 알려진 천문 연구 지대인 이유가 짐작이 간다. 낮은 기온이 30도를 넘는 것 같았건만, 새벽 기온은 영하로 떨어져 잠을 깨웠다.

걸어서 아타카마 시내를 둘러본다. 진흙에 건초 등을 섞은 어도비로 쌓아 올린 담장 길이 정겹다. 군데군데 벗겨진 흰색 칠이 더 잘 어울린다. 5미터 폭이 될 듯한 담길 사이 관광객이 어슬렁댄다. 스페인어가 아닌 외국어도 많이 들린다. 양쪽으로 그들을 맞는 식당과 여행사, 기념품 가게들이 늘어섰다. 언젠가 갔던 벨리스의 어느 섬 마을의 그 아른거리는 풍경 같다.

아타카마 골목 안 시장에 민예품 가게들이 빼곡하다. ⓒ 김순배

　시내 광장 옆, 하얀 지붕의 산 페드로 성당이 눈에 들어온다.
17세기에 지어진 소박한 성당. 둥그렇게 생긴 성당 입구, 어도비
벽, 선인장 나무로 만들었다는 지붕, 여러 성인의 작은 조각상이
놓인 제단이 익숙한 성당의 모습이 아니다. 낡은 성당 내부 한편
에서 관광객의 기부금을 모금한다.
　건너편 골목 안 시장에 민예품 가게들이 빼곡하다. 원주민 특
유의 화려한 색깔과 무늬의 가방, 옷 등이 많다. 거기서 코카 사
탕을 한 봉지 샀다. 녹차 사탕이랑 맛이 그리 다르지 않은 듯하
다. 짧게는 반나절, 길게는 한나절의 투어를 여럿 예약했다. 시
내에서 차로 30분을 벗어난다. 가이드를 따라 걷는 모래 언덕
길, 벌써 신발은 모래로 가득하다. 30분은 걸었을까? 눈 아래, 바

짝 말라버린 드넓은 계곡이 펼쳐진다. 끝이 없다. 압권, 말의 한계를 느낀다. 그것은 몇 킬로미터, 몇 십 킬로미터나 될까? 달 표면을 닮았다는 달의 계곡은 그렇게 나를 압도했다. 아타카마 사막 전체의 면적은 105,000제곱킬로미터에 이른다.

자연의 경이로움이란 이런 것일까? 내가 상상하지 못했던 또다른 세상, 그 말라버린 땅은 그렇게 오래전부터 존재했다. 5년, 길게는 20년에야 한번 1밀리미터가 넘는 비가 온다고 한다. 멀리 해발 5000~6000미터 높이의 화산들이 그림처럼 보인다. 해가 진다. 붉게 타오르는 석양. 아! 다시 탄성이 터져 나온다. 벼랑 끝에 서서 사진을 찍는 이들이 아찔하지만 어찌 이 모습을 놓칠 수 있을까. 들어서는 모른다. 제 눈으로 봐야 안다. 견문이 좁아 비할 도리 없지만 말 그대로 절경이다. 세계적 여행 전문지《론리 플래닛》이 세계 자연 관광지 3위로 꼽았다. 아, 내가 지구 반대편에 있구나.

이제 비포장 길에 익숙해졌건만, 유난히 더 버스가 털털거린다. 새벽이 가시기 전, 저 멀리 수증기가 피어오른다. 엘 타티오 (El Tatio) 간헐천이다. 물이 펄펄 끓어 튀어 오른다. 지름이 작게는 10센티미터, 크게는 2미터 됨직한 구멍에서 지구가 물을 내뿜는다. 해발 4200미터, 추위가 살을 에고, 저 멀리 눈 덮인 산들이 보이는데, 저 아래 용암이 펄펄 끓고 있다.

아, 이것이 지구구나. 신비로움이란 이런 것이다. 푸우푸우…… 치솟는 수증기는 삶은 계란 냄새 같다. 이것이 유황 냄새이던가……. 그 수증기 안에 갇혀 한참이나 그 냄새를 즐긴다.

엘 타티오의 간헐천. ⓒ 김순배

따뜻하다. 가이드의 말을 들을걸 그랬다. 손을 슬쩍 담갔다가 뜨거워 얼른 뗐다. 차로 다시 5분 남짓 갔을까. 그 옆으로 야외 온천이다. 김이 오른다.

관광객들이 그곳에 뛰어든다. 그 옆으로 크고 작은 간헐천이 열 개는 돼 보인다. 그 신비함을 다시 사진에 담다가, 추위가 싫어 서둘러 버스로 돌아섰다. 그 뜨겁던 물이 추위에 식어, 바닥이 미끌미끌 한쪽에는 살얼음이 깔렸다. 얼어버릴 듯한 손가락. 따뜻한 차에 햄을 끼운 딱딱한 빵이 버스에서 기다린다. 우유를 탄 차 한 잔이 어찌나 따뜻하던지…….

버스는 우리를 소금호수에 내려놓았다. 망망한 소금밭이다. 소금은 뽀얗기보다는 흙 위에 눈이 내린 뒤 며칠이 지나 녹아내

해발 4220미터에 자리 잡은 미스칸티 호수. ⓒ 김순배

린 듯 조금 탁하다. 그 소금호수 한편에서 플라밍고들이 노닌다. 모두 몇 마리나 될까? 셀 수가 없다. 슬금슬금 다가오더니, 내 손 위의 과자 부스러기를 쪼아 먹는다. 소금호수 옆으로 난 작은 길을 따라 걷는다. 소금이 굳고 굳어 수정 위를 걷는 듯 미끄럽다. 한 조각 먹어본다. 짜다.

버스는 다시 달린다. 먼지가 차창을 뿌옇게 만든다. 해발 4220미터에 자리 잡은 미스칸티(miscanti) 호수가 펼쳐진다. 눈 덮인 산 아래 햇살에 빛나는 호수. 압권이다.

그 옆으로 라마를 닮은 비쿠냐가 노닌다. 아, 자연이란 이런 것이다. 8살 딸아이는 춥다고 찡찡댄다. 체감은 영하 10도를 훨씬 밑돈다. 나는 이 대자연을 가족사진으로 담고 싶건만, 이 풍경이 아이에게는 감동을 주지 못한다. 서둘러 버스를 탄다. 가끔 비쿠냐를 만나면 버스가 멈추고 그때마다 사진에 담는다. 비쿠냐가 가축으로 길러진 게 라마라는데, 기다란 목과 자그마한 얼굴에 튀어나온 주둥이……. 둘은 무척 닮았다.

이 춥고 메마른 곳에서도 풀이 자라고 비쿠냐가 산다니……. 생명은 그들만의 방식으로 살아간다. 이곳에서 생명은 눈이 녹은 물로 버텨간다. 해발 5000미터가 넘는 곳에서 1년 내내 조금씩 물이 흘러내린다. 그러니, 회색빛 민둥산 아래에 더러 초록색 풀이 자란다. 신기롭다.

대자연 사이사이, 그곳에 어울려 살았던 아타카메뇨(Atacameño)의 흔적이 나를 붙잡았다. 수많은 호텔과 호스텔의 이름들, 식당과 민예품 가게의 이름은 그 뜻을 짐작할 수 없는 원주민 언어를 쓰고 있다. 시내 광장 옆 박물관. 관광객을 끌어 모으던 미라 '미스 칠레'는 없었다. 검은색 머리와 치아, 얼굴의 형태가 잘 보존됐다는 젊은 여성의 미라. 1977년 아우구스토 피노체트도 찾았던 그 미라는 원주민들의 요구로 2007년 전시실에서 치워졌다. 고고학의 이름으로 전시된 2500년 됐다는 주검은 '우리의 조상을 존중하고 안식할 수 있게 하라'는 요구와 논란을 거친 뒤 치워졌다. 그대신 그 미라를 치우기까지 있었던 토론 등을 보여주는 비디오가 흘러나왔다. 낡은 여행 책자를 읽고 "미라는 어디 있어요?" 하며 물었던 나는 얼마나 민망했는지……. 미라가 치워진 뒤 "입장료를 돌려 달라"며 항의를 하고는 했다는 다른 관광객들과 그리 다르지 않았던 셈이다.

치워진 '미스 칠레' 대신 오래전 그 땅에 살았던 이들을 만났다. 원주민 요새 푸카라 데 키토르(Pukara de Quitor). 산 페드로 아타카마 시내에서 3킬로미터. 12세기경 지어진 요새로, 16세기 중반 스페인에 정복당했다.

요새라 하니 그런가 할 뿐, 1미터 높이가 될 법한 흙벽돌이 곳곳에 집터 모양으로 남아 있을 뿐이다. 거센 바람이 몸을 절벽 아래로 위협했다. 메마른 대지는 광활하다. 그 정상, "나의 신이시여, 나의 신이시여, 왜 우리를 저버리셨나이까."라는 문구가 가슴을 찌른다.

그들의 최후를 지켜봤을 저 마른 계곡은 말이 없다. 그들은 몸을 가누기 어렵게 만드는 이 거센 바람을 버티며 다가오는 적들을 지켜보고 싸우고 피 흘리며 쓰러졌으리라. 산 아래 나지막한 최고급 호텔만이 지금 내가 21세기에 살고 있음을 말해 준다.

호텔로 돌아오는 길, 해발 4000미터, 시내에서 97킬로미터 떨어진 원주민 마을 마추카에 버스가 멈췄다. 작은 집들 위로 작은 십자가들이 걸렸다. 그들 조상들의 삶을 앗아간 정복자가 전해 준 예수다. 마을 언덕 뒤 성당은 산 페드로 아타카마 시내의 성당을 닮았다.

마을 입구에서 원주민들이 파는 기름에 튀긴 엠파나다(empanada)를 사먹는 기분이 묘하다. 슬슬 배가 고프다. 시내에서 그리 멀지 않은 한 작은 마을에 마지막으로 들른다. 어디선가 고기 냄새가 난다. 막대에 고기와 양파, 고추 등을 끼워 굽는 안티쿠초였다. 배고픈 길에 얼른 하나를 먹었다. 고기가 좀 질겼다. 엠파나다도 판다기에 물어봤다.

"엠파나다 있어요?"
"네, 있어요."
"뭘 넣은 거예요?"
"라마 고기를 넣은 것밖에 없어요"
"그것밖에 없어요? 안 먹어봐서 먹기가……."
"조금 전에 안티쿠초에 낀 라마 고기 먹었잖아요?"
"네?"

시골 아낙들이 키드득 웃음을 터뜨렸다. 그렇게, 뜻하지 않게, 라마 고기를 맛봤다. 조금 질긴, 좀 뜯어야 되는 비계 없는 소고기, 그게 내가 맛본 라마 고기였다. 그렇게, 산 페드로 아타카마, 그 낯설고 경이로운, 자연과 원주민들이 더불어 살았을 그 땅으로의 여행, 4박 5일에도 못 다한 여행은 끝나갔다. "관광지 입장료는 원주민들이 나누고 장례식 등 공동체를 위해서 써요." 산티아고로 돌아오는 길, 승합차 기사의 말이 여행의 쓸쓸함을 달랬다.

─카니발의 도시, 콜롬비아의 바랑키야

차경미

카니발 분장을 한 여인.

보고타에서 버스를 타고 20시간쯤 왔을까? 구름이 산허리를 감고 있는 안데스 산맥을 내려와 끝없는 평원을 달린 지 꽤 오랜 시간이 흘렀다. 굽이쳐 펼쳐진 계곡은 아찔한 현기증을 느끼게 했고, 비스듬한 계단식 밭을 일구는 농부들의 모습이 넉넉한 저녁 풍경을 선사했다. 쉼 없이 달리는 버스는 마을을 지나고 또 지났다. 수많은 시간을 침묵하며 묵묵히 지키고 서 있는 고목나무들도 차창 밖으로 스쳐갔다. 잠시 그 나무의 뿌리와 깊이를 헤아려 보았다. 너무나 작은 내가 보였다.

버스가 산길을 내려와 평평한 도로를 달리기 시작하면서 더 많은 흑인과 더 많은 열대 과일들이 스쳐 갔다. 카리브해로 다가서고 있음을 느꼈다. 짚으로 엮은 지붕과 벽돌 몇 장을 쌓아올려 만든 농가들이 즐비하게 서 있었다. 고목에 매달아 놓은 흔들침대 아마카에 누워 몸 가는 대로 그리고 마음 가는 대로 흔들대는 농부의 여유가 부러웠다. 마당에는 망고를 손에 입에 물고 뛰어다니는 아이들이 돼지와 함께 어우러져 있었다. 동생에게 젖을 먹이는 엄마의 주위를 맴돌며 관심을 끌고 있는 아이의 질투가 사랑스러워 보였다. 이런 아이들과 실랑이를 벌이는 엄마의 모습에서 행복이 보였다. 장시간의 여행으로 피곤에 지친 나는 차창 밖에서 들려오는 음악 소리와 함성에 눈을 떴다.

"저기 좀 봐요?" 옆에 앉아 있던 아주머니가 흥분한 어조로

밖을 가리켰다. 버스 승객들 모두 어린아이처럼 소리치며 즐거워하고 있었다. 축제에 흠뻑 취한 도시 바랑키야(Barranquilla)가 내 눈앞에 다가와 있었다.

바랑키야는 카리브해로 들어가는 관문이다. 카리브해로 흘러가는 막달레나 강 서쪽으로부터 15킬로미터 떨어진 공업 도시다. 카리브해 지역 공업과 문화의 중심지로서 보고타와 칼리 그리고 메데진에 이어 콜롬비아를 대표하는 도시이다. '바랑키야'는 협곡 혹은 벼랑을 뜻한다. 식민 시대 스페인 정복자들은 막달레나 강 협곡 부근에 위치한 마을에 바랑카베르메하, 바랑카누에바, 바랑카비에하 등 '바랑카'라는 명칭을 공통적으로 사용했다.

도시는 전통 의상과 가면을 뒤집어쓰고 음악에 몸을 맡겨 열정을 뿜어내는 사람들로 가득했다. 흰 블라우스에 넓고 긴 플레이어스커트 그리고 각양각색의 꽃과 리본으로 머리를 장식한 소녀들은 화려했다. 그녀들의 손을 잡고 걸어가는 피에로들의 얼굴에는 미소가 넘실거렸다. 거리는 백인과 흑인, 노인과 아이 그리고 콜롬비아인과 카리브해 사람이 하나로 어우러져 있었다. 버스는 움직일 생각조차 하지 않았다. 그러나 승객도 운전사도 20시간의 탑승에도 불구하고 불평은커녕 오히려 즐거워했다. 매년 2월 초만 되면 바랑키야의 거리는 어김없이 이런 상황이 되풀이된다고 했다. 그들에게는 거리의 광기가 당연한 것이었다.

매스컴에서는 연일 바랑키야 카니발 이야기로 가득했다. 카

바랑키야의 한 성당.

니발은 매년 2월 첫째 주에 개최된다. 개막전 행사 준비로 바삐 움직이는 사람들의 설레임과 카니발을 즐기기 위해 도시로 들어오는 다양한 지역 사람들의 기대는 주요 뉴스였다. 카니발의 준비는 6개월 전부터 시작된다고 한다. 합숙훈련과 테스트를 거쳐 최종 선발된 미인들이 미모와 재능의 경합을 펼치고, 본격적인 행사는 사순절 4일 전에 꽃으로 장식한 차량과 함께 시대를 풍자한 시가 행렬로부터 진행된다. 다음날은 다양한 카리브해 춤과 음악의 향연이 펼쳐진다.

　카니발에 참여하고 싶었지만 교통편과 숙박 시설은 모두 예약이 완료된 상태였다. 그러나 카니발 마지막 날 버스에 몸을 실을 수 있었다. 이렇게 차 안에서라도 축제를 즐길 수 있어서 다

행스러웠다.

창문을 열고 카메라를 들이대는 나에게 지나가는 사람들 모두 멋진 포즈를 취해 주었다. 그들의 열기를 함께할 수 없는 아쉬움을 사진으로라도 대신하고 싶었다. 정신없이 사진기를 누르다 앞에 앉아 있던 흑인 아저씨의 팔에 부딪혔다. 미안한 마음을 미소로 받아주는 넉넉함이 고마웠다. 창밖에서 들려오는 음악에 맞춰 몸을 흔들고 있는 그의 모습은 몸에 걸치고 있는 신사복과는 어울리지는 않았다. 그러나 그런 그가 도리어 나에게는 친밀감을 주었다.

바랑키야 카니발은 언제부터 시작되었는지 물었다. 아주 어렸을 적부터 사람들이 동네 골목에 모여 춤을 추고 노래를 부르며 장기자랑을 했다고 기억했다. 살던 동네를 물었다. 서민들이 모여 사는 도시 남쪽 동네에 살았다고 했다. 주말이면 사람들이 골목에 모여 노래도 부르고 춤도 추며 고단한 도시의 일상을 위로했다고 말했다. 동네 골목은 사람들이 서로 만나서 소통하며 노래하고 춤을 추는 무대였다. 잠시 말끝을 흐리던 흑인 아저씨는 다시 음악에 젖어들었다.

바랑키야를 비롯한 콜롬비아 카리브해 지역은 주로 흑인과 물라토가 거주한다. 15세기 이후 생김새는 같지만 서로 다른 언어와 문화 속에 살아가던 다양한 지역의 아프리카 사람들이 노예로 끌려와 카리브해에 정착했다. 그들은 사탕수수 농장에서 원주민들을 만났고 유럽인들과 만나 새로운 역사를 써 나갔다. 그리고 새로운 카리브해의 모습을 만들어 갔다. 초기 이주해 온

카니발 행렬.

흑인들은 음악과 춤을 통해 가까운 기억 속의 아프리카를 만났다. 음악은 희망의 미래였으며 절망과 분노의 표출이기도 했다. 노래는 신에게 구원을 외치는 언어였으며, 타악기를 통해 억제된 자유를 분출시킬 수 있었다. 음악과 춤은 기록이었고 집단적 감정의 표현이었다.

바랑키야는 독립 이후 해상교통의 요충지로 많은 이주자들이 이곳에 유입되었다. 20세기 초 국가 정책에 힘입어 공업 도시로 성장하면서 도시는 이주자들의 발길이 끊이지 않았다. 노예로 끌려온 흑인들과 그의 후손들이 이곳에 정착했고, 장밋빛 미래를 꿈꾸며 농촌을 떠난 농민들도 이곳으로 모여들었다. 서로 다른 이유로 바랑키야에 정착한 다양한 사람들은 동네 골목

다양한 분장으로 자신을 치장한 사람들.

에서 만나 감성을 교감하기 시작했다. 골목을 통해 만남의 공간
은 넓어져 갔고 1888년 이러한 만남이 카니발로 발전하여 오늘
에 이르렀다. 카니발은 전통과 현대의 경계를 넘나들며 여러 인
종이 만나고 소통하는 공간이었다.

창밖은 다양한 분장으로 자신을 치장한 사람들로 분주했다.
카니발의 마지막 날이어서일까? 아쉬움을 달래기라도 하듯 혼
잡하고 현란한 거리의 음악은 사람들을 한자리로 이끌고 있었
다. 왕자와 도깨비, 군인과 마법사가 하나로 어우러져 춤을 추기
시작했다. 서로를 부둥켜안고 있는 그들의 감성이 나에게도 그
대로 전해지는 듯했다. 열정과 흥분으로 활활 타고 있는 도시는

어둠조차도 피해 갔다. 그들의 모습을 사진에 담아두는 것만으로도 즐거웠다.

시내 안으로의 진입은 거의 불가능하게 보였다. 괴물과 악마 그리고 유명한 축구 스타 발데라마의 노랑머리 가발을 뒤집어쓴 사람들이 자동차와 뒤엉켜 있었다. 혼돈조차도 자유롭고 자연스러웠다. 버스가 조금씩 움직이자 거리의 풍경도 바뀌기 시작했다. 음료와 술을 파는 카페테리아는 밴드 연주에 맞춰 어우러진 남녀노소로 붐볐다. 거리에서 벌어지는 다양한 춤의 향연을 만끽했다. 카리브해의 전통 음악인 손과 단손이 만나 탄생한 쿰비아와 포로스, 그리고 아프리카의 원초적 색채를 담고 있는 격렬한 몸짓의 마팔레와 가이타스가 한 곳에 모여 지켜보는 이의 열정을 자극했다. 어느새 나는 그들의 살아 있는 감성으로 성큼 다가서고 있었다. 리듬에 몸을 맡기고 우리를 유혹하는 거리의 사람들이나 그들을 지켜보는 사람들에게서 나는 카리브해의 어제와 오늘을 만났다. 춤과 음악을 통해 그들의 피 속에 저장되어 있는 과거를 만났고 거리에서 전통을 바탕으로 끊임없이 미래의 상상력을 이끌어내고 있는 오늘의 바랑키야인들을 만났다. 카리브해의 어제와 오늘은 거리의 사람들을 통해 그렇게 지속되고 있었다.

___보고타 센트로의 맛집

차경미

보테로 박물관 앞 동상.

'남미의 아테네'로 불리는 콜롬비아의 수도 보고타(Bogota)에는 다양한 문화적 공간이 조화를 이루고 있다. 가을빛을 머금고 있는 거리와 친절한 미소의 사람들 그리고 은은하게 퍼지는 커피 향은 가는 이의 발길을 머물게 한다. 눈과 몸으로 만나는 콜롬비아는 매번 나를 매료시킨다. 혼잡한 시내 중심 센트로의 칸델라리아(Candelaria) 거리를 걷다 보면, 묵묵히 지난 시간을 담아낸 고가들이 잔잔한 미소를 보낸다. 이 거리는 대형 서점, 도서관, 커피숍, 박물관 및 세계적인 화가 페르난도 보테로(Fernando Botero)의 예술적 영감과 노벨 문학상 수상자 가르시아 마르케스(Garcia Marquez)의 감성으로 채워져 있다. 세계적 수준의 국립도서관 루이스 앙헬 아랑고(Luis Angel Arango)와 콜롬비아의 상징 후안 발데스(Juan Valdez) 커피숍에는 문인, 예술가, 교수 그리고 학생들로 북적인다. 커피 잔을 마주하고 자신의 삶과 꿈을 이야기하는 사람들의 속삭임은 진한 커피 향과 어우러져 편안함을 안겨준다.

보테로 박물관 뒤편에 있는 전쟁박물관에 들어서면 한국전쟁의 참혹상이 한눈에 확인된다. 전시실을 촘촘하게 메운 콜롬비아군의 한국전 참전 사진과 장비들은 그저 우리에게 기억뿐인 전쟁이 과거의 현실이었음을 일깨워준다. 지구 반대편 낯선 땅에서 60여 년 전 우리를 마주하니 감회가 새롭다. 박물관을 나와 셉티마(Septima) 거리로 들어서면 볼리바르 광장(Plaza de Bolivar)에 시선이 머문다. 웅장한 바로크식 건축들이 경외감마저 들게 한다. 광장을 벗어나 북쪽 방향으로 대로를 걷다 보면 보고타에서 가장 저렴하게 토산품을 구입할 수 있는 상점들이 늘어서 있다. 가격은 흥정하기 나름이다. 다른 곳보다 20~30% 저렴한 가격에 토산품을 구입할 수 있는 쇼핑의 재미가 있는 곳이다.

토산품점을 둘러본 후 셉티마를 따라 걸으면 히메네스(Jimenez)에 도착한다. 세계 최고 품질의 에메랄드가 거래되는 거리인 만큼 가격을 흥정하는 상인들로 붐빈다. 에메랄드 무역센터 맞은편에는 콜롬비아 고대인들의 유물을 전시해 놓은 황금박물관(Museo de Oro)이 있다. 박물관은 무이스카(Muisca), 킴바야(Quimbaya), 타이로나(Tairona), 시누(Sinu) 등 고대인들의 장식품들과 생활사가 복원되어 있다.

박물관 1층에 마련된 식당에서 먹은 전통음식 아히아코(Ajiaco)는 깔끔하고 단백했다. 가격과 맛 그리고 분위기 모두 만족스러운 곳이었다. 지하 아케이드에는 고대인들의 장식 문양에서 모티브를 얻어 완성된 국내 대표 작가들의 작품이 여행자의 가벼운 주머니마저 열게 했다.

히메네스 거리의 또 다른 명소 로마나(Romana) 식당에 들어섰다. 48년의 역사를 자랑하는 스파게티 전문점이다. 유학 시절 세상에서 가장 맛있는 음식이 스파게티라고 생각하며 먹던 그 맛은 아니었지만 여전히 많은 사람들의 미각을 만족시켜 주는

왼쪽 위부터 시계방향으로, 아히아코, 로마냐 스파게티, 카르네 아사다와 유카, 엠파나다.
ⓒ차경미

듯했다.

로마냐 위쪽에 위치한 전통 음식점 카사 비에하(Casa Vieja)도 고집스러운 맛을 그대로 지키고 있었다. 히메네스에서 벗어나 잊지 못할 맛을 찾아 19가(Avenida Diesinueve) 방향으로 발길을 돌렸다. 프랑스 문화원(Alianza Francesa) 바로 옆 건물 앞에 다가서자 코끝을 스치는 기억 속의 냄새가 설렘에 가까운 안도감을 주었다. 엠파나다 집 도미노(Domino)는 콜롬비아를 기억하게 하는 곳이다. 엠파나다(Empanada)는 콜롬비아인들이 즐겨먹는 국민 간식으로서 우리의 튀김만두와 유사하다. 대부분의 식당에서 맛볼 수 있지만, 도미노가 지켜온 35년의 맛은 가장 평범한 음식이 가장 특별해질 수 있음을 깨우쳐준다.

센트로에서만 즐길 수 있는 이색 시장이 있다. 매주 일요일이면 벼룩시장(Mercado de Pulga)이 열린다. 도저히 팔리지 않을 것 같은 잡동사니들이 상품이 되어 주인을 기다린다. 운이 좋으면 숨겨진 보물을 발견하기도 한다. 시장을 둘러본 후 몬세라테(Moserate)에 케이블카를 타고 올라가 시내 전경을 즐기면서 식사를 한다면 알찬 휴일을 보낼 수 있을 것이다.

국립박물관(Museo Nacional)을 거쳐 센트로를 벗어나 콜롬비아의 명문 사립대학 하베리아나(Javeriana) 부근에도 그냥 지나칠 수 없게 만드는 두 곳이 있다. 45가 대형 슈퍼마켓 카루야(Carulla) 뒤편 눈에 잘 띄지 않는 곳에 45년의 맛을 자랑하는 빵집과 42가 카라카스(Caracas)에 위치한 28년 전통의 식당 라 베가(La Vega)의 카르네 아사다(Carne Asada)다. 카르네 아사다는 소금으로만 간하여 숯불에 구운 소고기 요리다. 매운 소스를 곁들여 먹으면 개운한 맛이 일품이다. 매운맛을 좋아하는 사람들에게 강력히 추천한다. 다른 식당에 비해 소스가 맵고 감칠맛이 있다. 고구마와 유사한 유카(Yuca)도 서비스로 제공된다.

＿중미의 화원, 코스타리카의 자연 조건

박종욱

아름다운 크레타와 분지를 지니고 있는 이라수 화산.

코스타리카는 중미의 화원으로 불린다. 연중 꽃이 피고 지는 녹색의 나라이기 때문이다. 전 국토의 13%가 국립공원으로 지정이 되어 있으며, 자연보호구역이나 기타 녹지대를 합치면 국토의 절반 이상이 절대 녹지인 코스타리카가 중미의 화원으로 불리는 것은 너무도 당연하게 보였다. 가장 인구밀도가 높다는 중앙고원 지역이나 수도 산 호세에서도 조금만 주변으로 나가면 바로 짙은 초록으로 에워싸인 자연과 만날 수 있었다. 전통적으로 바나나와 커피, 파인애플의 집산지였던 점도 국토가 초록일 수밖에 없는 이유가 될 수 있을 것이다. 코스타리카에서 유명한 커피 농장인 카페 브릿(Cafe Britt)을 방문했을 때에는 붉게 익어가는 커피 알갱이와 함께 많은 나비들을 쉽게 볼 수 있었다.

화원이라는 개념에는 문명인들의 편견이 따른다. 아니, 문명인이라기보다는 도시에서 대부분의 생활을 경험한 현대 도시인들의 편견을 지적해야 할 것 같다. 우스갯말로 전원주택을 노래처럼 반복하던 사람들이 막상 자연 녹지의 실상과 마주하면 놀라움과 실망을 경험한다고 한다. 자연과 더불어 사는 것이 아니라, 자연을 헤집으며 살아간다는 인위적인 정원과 꽃밭에 익숙한 현대 도시인들에게 자연의 개념은 늘 모호할 수밖에 없다.

중미의 화원, 코스타리카에 꽃이 많은 것은 사실이다. 하지만, 프랑스 루이 16세 시절의 베르사유 궁전의 정원과 혼동해서는 곤란하다. 정원은 인위적인 손길로 가꾸어지고 조작된 자연이지만, 국립공원으로 지정된 코스타리카의 자연은 인위적인 손길을 최소화하거나 차단하기 위해 지정된 공간이기 때문이다.

따라서, 자연 그대로의 모습에 낯선 이방인들에게 화원이라는 표현은 어쩌면 적절하지 않은 표현일 수 있을 것이다. 태곳적 자연의 모습을 '자연답게' 보호하기 위한 공간이기 때문이다. 우리의 비무장 지대가 훗날 국립공원이 되었을 경우, 정원을 꿈꾸며 방문을 한다면 당연히 실망할 일이다.

자연의 모습은 형태와 크기, 꽃의 색깔 등을 배려하여 심고 다듬어 놀이동산의 꽃동산에서 발견되는 것이 아니라, 온갖 식물과 동물들이 자연스러운 생태계의 고리를 안정되게 유지하면서 공존하는 모습에서 나타나기 때문이다.

코스타리카 사람들은 자신들을 '티코' 혹은 '티카'라 부른다. 축소사인 tico나 tica의 빈번한 사용 때문에 외국인들이 그들을 비유적으로 부르기 시작하면서 정착된 표현이다.

그러니까, 지명의 형용사형에 해당하는 nombre gentilicio가 아니라, 별명인 apodo에 해당한다. 이들 티코들은 자신들이 경험하는 연중 계절을 둘로 나눠 부른다. '여름'과 '겨울'이 그들이다. 열대성 기후에 속하는 코스타리카의 겨울이라니, 관광 책자에도 나오지 않는 겨울이라는 표현에 방문객은 당황스러울 수밖에 없다. 연중 평균 기온이 21도에 이르며, 최고 평균기온 25.8도에서 최저 평균기온 14.2도인 사실을 알게 된다면 겨울이라는 표현은 전혀 어울리지 않는 어휘이며, 더욱이 혹독한 겨울

코스타리카 생태보전 지역 안의 다양한 동식물들.ⓒ박종욱

을 경험하는 방문객에게는 실감이 되지 않는 표현이다.

혹시 해발고도가 높은 지역의 기후를 얘기하는 것은 아닐까, 친절한 티카에게 묻는다. 하지만, 해맑은 웃음과 함께 돌아오는 설명에 의하면, 역시 해발고도에 대한 기후의 변화는 일반적인 상식 그 이상은 분명 아니었다. 해발이 100미터 올라갈수록 기온은 0.5도가량 떨어진다는, 언젠가 배웠던 상식 수준일 따름이었다. 코스타리카인들은 비가 오는 우기를 겨울이라 부르고 있었다. 궁금해서, 연평균 기온을 찾아봤다. 연중 최저 기온을 기록하는 10월이 20.5도였고, 가장 기온이 높은 4월의 평균기온도 22.4도였다. 이유는 체감온도였다. 하지만, 연중 기후보다 뚜렷한 것은 해변에서 산악 지형까지 넓게 분포된 고도에 따른 기후대였다. 수도 산 호세에서 두 시간이면 도착할 수 있는 해발 3,432미터의 이라수 화산이 있는 국립공원은 해발에 따른 기후의 변화를 실감할 수 있는 좋은 기회였다. 역시 이라수 화산은 아름다운 크레타와 분지를 지니고 있었고, 주변의 식생도 매우 다양한 모습으로 다가왔다.

중미의 화원, 코스타리카의 자연은 해발의 고저에 따른 다양한 변이 요소에 의해 아름다운 풍광과 천혜의 조건을 제공한다. 마누엘 안토니오나 토로투게로 국립공원이 제공하는 자연 조건과 아름다운 백사장을 만끽하고 싶은 수많은 관광객이 코스타리카를 찾는 이유가 되며, 자연 조건을 활용한 커피와 파인애플, 바나나 같은 작물의 생산은 나라를 대표하는데, 파인애플은 세계 최대 수출국이며, 특히 커피는 상품의 우수성으로 코스타리카의 상징이 되고 있다. 천혜의 자연 조건은 오늘날의 평화로운 나라, 중미의 화원 건설의 일등공신이다.

—콜롬비아, 시작을 앞두고

김언주

콜롬비아의 거리 예술가.

새해를 앞두고 미래의 목표를 세우고 다짐하는 일만큼이나 지나온 시간들을 정리해 보고 매듭짓는 것 또한 중요할 것이다. 2016년을 보내는 12월, 대학원 첫 학기를 마무리하면서 콜롬비아 여행기를 써보는 일은 나에게 무척이나 의미 있었다. 물론 2012년 5월부터 1년간의 콜롬비아 여정을 지금 새롭게 기억해 내는 것은 쉽지 않았다. 하지만 콜롬비아는 인생 첫 직장이었고, 남미에서 처음으로 장기간 머문 나라였기에 스스로에게는 여러 면에서 특별했다. 게다가 그 이후로 볼리비아에서 2년간의 활동과 중남미 지역학 석사과정 진학이라는 여정이 펼쳐졌기에 콜롬비아의 기억들을 한 번쯤 정리해 보고 싶었다.

콜롬비아를 여행하는 사람들이 가장 많이 받는 질문 중 하나가 "위험하지 않느냐?"일 것이다. 나의 경우에는 이런 질문을 받으면 콜롬비아가 왜 좋았는지를 먼저 말하는 편이다. '커피의 나라, 카리브와 태평양 바다가 함께 있는 나라, 열대우림과 사막, 고산이 공존하는 곳, 축제의 도시, 역사의 도시, 꽃의 도시, 예술의 도시' 등 너무나 다양한 수식어로 그 색깔들을 표현할 수 있을 만큼, 나에게 콜롬비아는 다채로운 무지개 색의 나라였고 늘 호기심과 설렘이 가득한 곳이다. 그래서 콜롬비아 여행자는 쉽게 지루할 수도 없고, 또 한두 곳을 여행한다고 콜롬비아를 이해했다고 말할 수도 없다. 해외에서 시작한 첫 직장 생활이 수월한 것만은 아니었기에, 수도 보고타에서 1년간 지내면서 틈틈이 다니는 여행으로 위로를 얻고는 했다. 그리고 이렇게 1년이라는 길지 않은 시간 중에 15곳이 넘는 곳을 여행하고 어떤 장소는 두세 번 찾아갔음을 얘기한다면, 이 또한 콜롬비아가 위험하지 않다는 또 다른 설명이지 않을까 했다.

이번 콜롬비아 여행기를 적으면서 어떤 지역을 다룰지 어떻게 구성할지 고민이 있었다. 오래된 기억을 더듬어 글을 써야 했기에, 이동 방법이나 세부적인 지역 설명을 담는 것은 역부족이었다. 그렇다고 여러 지역을 모두 소개하는 것 또한 지루한 이야기가 될 듯싶었다. 아마 소개하는 지역 선정이 오로지 나만의 이야기에서 비롯되고, 그 당시 감정들을 적절히 묘사해 담아낼 수 있다면 조금은 흥미롭고 특별한 이야기가 될 수 있지 않을까 예상해 본다.

수도 보고타에서 손꼽고 싶은 세 가지라면, 볼리바르 광장 (Plaza de Bolivar), 몬세라테(Monserrate) 언덕, 그리고 시클로비아 (Ciclovía)라 할 수 있다. 볼리바르 광장은 스페인 지배의 역사를 가진 중남미 모든 나라에서 쉽게 볼 수 있는 중앙광장 중의 하나이기는 하다. 하지만 콜롬비아의 넓은 볼리바르 광장 주변으로는 웅장한 대성당을 비롯해 시청과 국회, 법원 청사 등 여러 신, 고전 건축 양식을 함께 둘러볼 수 있어 상당히 이색적이다. 더욱이 광장에서 콜롬비아 대표 화가인 페르난도 보테로(Fernando Botero)의 작품이 있는 보테로 미술관(Museo de Botero), 루이스 앙헬 아랑고 도서관(Biblioteca de Luis Angel Arango), 화폐 박물관

볼리바르 공원에 있는 한 교회.

(Casa de La Maneda), 국립 박물관이 인접해 있어 볼거리가 다양하고 콜롬비아의 역사를 이해하기 좋다.

하지만 이보다 더 보고타에서 기억에 남는 곳이 몬세라테 언덕인데, 보고타 전경을 한눈에 볼 수 있는 곳으로, 방문객이 케이블카를 이용해 쉽게 올라갈 수도 있고 산책로를 활용해 주변 자연환경을 즐기며 찾아올 수도 있다. 보고타에 도착한 지 얼마되지 않았을 무렵에는 몬세라테가 그저 케이블카를 타고 이동하는 관광명소 중 하나였지만, 시간이 지나면서 주말에 등산을 하고 싶거나 오랫동안 산책을 하고 싶을 때면 오르는 곳이 되었다. 몬세라테 언덕 정상의 흰색 교회는 도시 어느 곳에서도 고개를 들면 볼 수 있는데, 마치 보고타의 랜드마크와도 같았다.

보고타의 시클로비아, 차 없는 거리를 자전거로 이용하고 있는 시민들.

콜롬비아에는 시클로비아가 있다. 일요일과 휴일에는 오전 7시부터 오후 2시까지 보고타, 칼리, 메데인 등의 도시에서 주요 도로에 자동차 통행을 차단하고 차 없는 거리를 만든다. 시민들은 산책을 하거나 조깅 혹은 자전거를 타며 여유를 즐기고, 가족이나 지인들과 편안한 휴일을 보낸다. 보고타는 여느 대도시처럼 교통체증과 매연이 상당한 곳이지만, 주말 오전이면 어김없이 차 없는 도로를 맘껏 즐길 수 있다. 주말이면 종종 집에서 3시간 정도 강가를 산책하거나 자전거를 대여해 먼 곳까지 가보기도 했다. 콜롬비아의 여러 도시를 여행하는 것도 좋았고 기억에 남지만, 아직도 잊히지 않는 것이 이러한 평범한 일상이다. 주말이나 휴일이면 매연 없는 쾌적한 환경을 누리고 편안히 산책

황금의 도시 전설에서 묘사되고 있는 구아타비타 호수. ⓒ김언주

을 즐기고, 좋은 사람과 시간을 보내는 시민들을 쳐다보며 나 또한 그 여유로움에 빠져 행복했던 그 순간이 오래도록 기억에 남는다.

'엘도라도' 황금의 도시 전설에서 묘사되는 곳이 바로 '구아타비타(Lago de Guatavita) 호수'라고 한다. 보고타 시내에서 한 시간 정도 차로 이동하면 도착할 수 있는데, 해발 2700미터 언덕 위에 원형의 이 구아타비타 호수에서 '엘도라도' 전설이 나왔다. 이곳에 거주했던 칩자족의 추장이 주기적으로 몸에 금칠을 하고 호수로 들어가 몸을 씻었으며 그 후에는 금으로 된 보물들을 호수에 수장시켰다는 전설이 있다. 그리고 이 전설을 좇아 스페인 정복자들의 탐욕스러운 금 찾기가 계속 이어졌던 것이다.

하지만 아직까지 유난히 구아타비타 호수가 기억에 남는 이유는 넓은 호수의 규모나 신비한 전설 이야기 때문이 아니다. 복잡한 보고타 시내를 한 시간만 벗어나면 닿을 수 있는 곳에 펼쳐진 구아타비타 주변의 아름다운 자연 경관 때문이다. 유난히 푸른 들판에 소와 집들이 한적하게 펼쳐진 풍경은 콜롬비아가 아닌 다른 나라로 잠시 떠난 듯한 착각마저 불러일으킨다. 강을 끼고 있고 고산에 위치한 특성상 높은 고도와 습기로 인해 날씨를 예측하기 어렵다. 보고타에 머물면서 다섯 번을 찾아갔는데 언제나 멋진 자연 경관과 변덕스러운 날씨로 어김없이 맞아 주었다.

보고타 생활이 6개월 즈음 지났을 무렵, 패러글라이딩, 래프팅, 번지점프, 동굴 탐험 등의 다양한 레포츠를 즐길 수 있는 '레포츠의 천국' 혹은 '어드벤처 스포츠의 도시', 이런 수식어로 불리는 도시 산 힐(San Gil)을 알게 됐다. 평소에 과격한 운동을 즐기지 않던 편이지만, 고산지대에 조금 지친 상태에서 산 힐의 340m 낮은 해발고도가 마음에 들었다. 그리고 평소에 하지 못했던 레포츠를 즐기는 경험도 흥미로울 듯했다. 게다가 무엇보다 더욱 매력적인 부분이 산 힐에 있는 국립공원이었는데, 특히 세계의 가장 긴 협곡 중 하나인 치카모차(Chicamocha) 협곡의 그랜드 캐니언을 내려다보며 즐기는 패러글라이딩이 기대됐다.

하지만 항상 '예외'는 있는 법이다. 여행 이전에는 제대로 알지 못했던 자신에 대해 새롭게 발견한 것이 있는데, 그것은 엄청난 고소 공포증이었다. 보고타에서 7시간 동안 밤 버스를 타고 험준한 길을 쉼 없이 달려 산 힐에 도착해 1시간가량 패러글라이딩을 즐길 수 있는 프로그램을 신청했다. 지상에서 발을 떼우고 5분이 지나자 치카모차 협곡을 내려다볼 수 있었는데 아름다운 풍경도 잠시, 엄청난 높이에서 오는 두려움과 발이 지상에서 떨어진 순간부터 찾아온 멀미로 채 10분도 버티지 못하고 구조를 요청해야 했다. 땅에 발이 닿자마자 계속 구토를 했고 하루 종일 울렁거리는 속을 달래느라, 그 뒤로는 차마 어떤 레포츠도 시도하지 못한 채 마을을 산책하는 것으로 여행을 마무리해야 했다. 짧은 순간이었지만 감탄을 금치 못했던 경치와 몰랐던 나의 '공포증'을 알게 된 덕분에 오래도록 기억에 남는 여행이 되었다.

메데인(Medellin) 하면 여전히 마약 카르텔의 도시로 기억하는 사람이 많다. 1970~1980년대 마약 왕 파블로 에스코바르(Fablo Escobar)가 메데인에서 활동하면서 마약 갱단의 각종 범죄와 넘쳐나는 산비탈의 빈민가로 악명이 높았기 때문이다. 하지만 2004년부터 빈민가와 도심 곳곳에 케이블카가 연결되면서 메데인의 아름다움과 안정을 되찾고 있다.

그래서 메데인은 현재 콜롬비아 제2의 도시이자, 세계적인 작가 보테로의 고장이고, 케이블카의 도시이며, 주요 커피 생산지, 주요 공업 도시, 그리고 봄의 도시, 꽃의 도시라 불린다. 메데인의 1500미터 해발 고도는 사람이 지내기에 적당했고, 쾌적한 날씨 덕분에 도심 곳곳에 공원이 많고 꽃과 녹지가 잘 조성돼 있어 여행하는 내내 기분이 참 좋아지는 곳이었다.

메데인의 온화한 날씨에 여유로이 산책을 할 때면 시내 어느

네이바사막. ⓒ김언주.

곳에서도 케이블카를 볼 수 있어 이색적인 풍경을 볼 수 있다. 게다가 콜롬비아 대표 음식인 반데하 데 파이사(Bandeja de Paisa) 의 고장이기도 한 덕분에 시내 곳곳에서 저렴하게 음식을 즐길 수 있다. 해 질 무렵 케이블카를 타면 노을과 도시 야경도 볼 수 있고 도심 곳곳에 아기자기한 카페가 있어 여행자에게 즐거운 기억을 만들어준다. 더욱이 중앙광장에서는 보테로 작품의 동상을 감상할 수 있고 박물관에서는 미술작품도 볼 수 있다. 그래서 메데인은 개인적으로 굉장히 따뜻하고 예뻤던 도시였다.

네이바(Neiva)는 흔히 알려진 여행지는 아니다. 보고타에서 찾아가기도 수월하지도 않고 흔히 상상할 수 있는 사막도 아니며, 독특한 토양의 성질과 자연 풍화와 건조한 기후로 인해 만들어진 지역이다. 네이바는 모래가 없는 사막의 풍경과 척박한 땅에서 자란 억센 풀들을 먹는 들소 떼와 선인장을 보며 오아시스 온천욕도 즐길 수 있는 특별한 곳이다. 이곳으로 여행하기로 마음먹은 이유는 우연히 사진 책에 실린 네이바 사막 위에 쏟아지는 은하수를 실제로 보고 싶어졌기 때문이다. 별이 잘 관찰되는 지역인지 네이바 사막 가운데 천문대가 있고, 야영지도 마련되어 있어 캠핑을 하며 밤하늘의 은하수를 즐길 수 있다. 콜롬비아의 또 다른 모습이다.

콜롬비아는 처음 설명한 대로 다채로운 색이 어우러진 나라이다. 세계적으로 악명 높은 마약 카르텔, 커피, 축제, 에메랄드빛 카리브해와 같은 수식어 말고도 너무 다양한 표현으로 설명될 수 있는 곳이다. 그래서 이번 콜롬비아 여정을 정리하면서 여러 지역들이 머릿속에 떠올랐다. 대도시 보고타는 물론, 높은 고도에 몸이 힘들 때면 주말에 휴양차 다녀왔던 한두 시간 거리의 저지대 지역 멜가르(Melgar)도 생각났다. 보고타 외곽 지역에는 구아타비타 호수 말고도 시파키라(Zipaquirá) 소금 성당처럼 유명한 관광지가 있기도 하다. 커피 재배 지역으로 유명한 마니살레스(Manizales)와 페레이라(Pereira)도 있고, 16세기 식민지풍의 건축물과 도로들을 그대로 보존해 예술가들에게도 영감을 주고 있다는 비야데 레이바(Villa de Leyva) 마을도 아름답다. 물론 당연히 카리브 바다와 인접한 바랑키야(Baranquilla), 산타 마르타(Santa Marta), 마지막으로 가브리엘 가르시아 마르케스의 집필

지 혹은 세계적으로 아름다운 해안 도시로 유명한 카르타헤나
(Cartagena)도 빼놓을 수는 없었다. 하지만 콜롬비아의 유명한 지역들의 멋진 사진과 풍부한 정보로 가득한 여행기보다는 새로운 도약을 앞두고 중남미로 첫발을 내딛었던 콜롬비아의 시작을 기억해 보고 싶었다. 그렇게 나만의 특별한 이야기 속의 콜롬비아를 오랜만에 꺼내 정리해 보았다.

___루벤 다리오의 나라, 니카라과

김은희

니카라과의 그라나다 성당. ⓒ 김은희

2003년 니카라과의 뜨거운 햇살을 떠안고 바라본 수도 마나과(Managua)의 첫 인상은 물이 풍부한 나라, 물이 샘솟는 도시라는 이미지와는 달리 1973년 겪은 대지진과 오랜 기간 동안의 내전에 지친 그야말로 낙후된 도시의 모습을 하고 있었다. 공항에서 숙소까지 가면서 창을 통해 바라본 마나과의 모습은 공항 근처부터 니카라과 사람들이 경험했던 오래전의 역사적 참상을 그대로 간직하고 있는 듯했다. 도로에는 한국과 일본의 중고차들이 다니고, 가끔씩 미국의 서부 시대를 연상케 하는 마차들도 지나가고는 했다. 도시인들의 얼굴에는 학창 시절부터 들어왔던 중남미인들의 낙천적인 모습과는 거리가 먼, 삶 자체가 힘겨움을 얼굴에 담고 있었다. 숙소는 마나과의 최고 중심지인 외국 대사관저와 부유층들이 모여 살고 있는 비야 폰타나의 한 별장식 주택이었다. 스페인 마드리드의 부유한 동네 푸에르타 데 이에로의 축소판이라고 할까. 집주인 마리 바라오나의 모습은 유럽 여성의 세련됨과 여유를 가지고 있었고, 이는 마나과의 부정적인 첫 인상을 조금이나마 긍정적으로 만들어 주었다.

마나과는 주변 도시 거주민을 포함해서 약 100만 명이 살고 있으며 커다란 호수를 둘러싸고 있는 도시로서 빼어난 자연 경관을 지니고 있었다. 바다처럼 큰 호수에 비친 노을 진 석양의 모습은 그야말로 도시민의 피곤함을 말끔히 씻어주는 청량제 역할을 하고 있는 것 같았다. 도시 중심지로부터 승용차로 20분쯤 떨어진 곳에는 지금도 여전히 숨을 쉬고 있는 마사야(Mount Masaya) 화산이 있으며, 그곳에서 멀지 않은 곳에 카탈리나 호수가 있다. 이 호수는 한라산의 백록담을 연상케 한다. 많은 관광객들이 맥주를 마시면서 니카라과 악사들의 전통 악기 연주에 흠뻑 도취된 채 고즈넉한 호수의 풍경에 빠져드는 모습을 쉽게 찾아볼 수 있다.

그 다음으로 마나과에서 남서쪽으로 1시간 정도 승용차로 달리면 그라나다(Granada)에 닿을 수 있다. 이곳은 니카라과에서 가장 큰 호수가 있는 곳으로(호수의 명칭도 니카라과 호수이다), 이 호수는 바다처럼 넓어 란차(20명쯤 타는 관광용 배)를 빌려서 호수 주변을 관광하는데, 워낙 규모가 어마어마하다 보니 중앙에 많은 섬들까지 있다. 작은 섬마다 화려한 호화 주택이 각각 한 채씩 위용을 뽐내며 나름대로의 멋을 지니고 있으며 요트들이 이들의 교통수단으로 이용된다. 니카라과의 또 다른 모습이라고 할 수 있다. 이 호수에는 길 잃은 황소상어들이 서식하기도 한다고 한다. 그라나다의 또 다른 명소로는 몸바쵸(Mombacho) 화산을 들 수 있다. 이곳은 700여 종의 특이한 식물들이 서식하고 있는 활화산으로, 출입구에서 관광용으로 개조된 트럭이 정상까지 관광객들을 실어 나르는데, 산중턱쯤에서는 친절하게 니카라과 산 커피를 모든 관광객들에게 제공한다. 니카라과 커피는 한국에는 잘 알려지지 않았지만, 품질과 향이 뛰어나 세계적인 커피 전문점인 스타벅스에서도 사용된다고 한다. 그러나

카탈리나 호수.ⓒ 김은희

촉박한 휴식 시간으로 인해 산 정상으로 향하는 흔들리는 트럭 안에서 뜨거운 커피를 마셔야만 해서 제대로 맛을 음미하지 못해 울상을 짓는 관광객들에게 가이드는 "공짜는 다 그런 거예요."라고 얄궂게 일침을 가한다.

한편, 북쪽으로 1시간쯤 가면 니카라과 제2의 도시 레온(León)이 있다. 지진과 내전으로 도시 전체가 얼룩졌지만 여전히 많은 식민지 시대 성당과 관공서들로 빛나는 곳이다. 18세기에 지어진 레온성당은 중미에서 가장 규모가 큰 것으로, 안토니오 사리아(Antonio Sarria)가 그린 거대한 회화 작품과 니카라과가 낳은 세계적 문호로 중남미 모데르니스모의 대부인 루벤 다리오(Rubén Darío, 1867~1916)의 무덤이 있는 곳으로도 유명하다. "청춘, 이는 듣기만 하여도 가슴이 설렌다……."로 시작되는, 대학원 시절에 즐겨 읽으면서 가슴이 설레었던 그 시의 주인공 루벤 다리오가 여기에 묻혀 있다니! 니카라과의 영웅 루벤 다리오의 시신 그 자체가 관광객의 명소가 되고 있다는 사실에 문학도의 한 사람으로서 살짝 흥분감을 느끼게 된다.

레온성당 바로 앞에 있는 음식점에서 니카라과의 전통 음식과 맥주를 마시며 고인의 시를 한 번 더 음미함은 나만이 간직할 수 있었던 삶의 행복이 아닐는지…….

> (……) 인생은 불가사의한 것, 어두운 빛과
> 접근하기 어려운 진리는 암울해진다:
> 번쩍이는 완벽함은 결코 주어지는 것이 아니다.
> 이상적인 비밀은 그림자 속에서 죽는다,
> 그래서 성실함이 강한 것이다.
> 별은 몸을 드러내어 빛을 발하고,
> 졸졸졸 흐르는 맑은 목소리로
> 물은 샘의 영혼을 말한다. (……)

니카라과의 전통 맥주 토냐에 반쯤 취해 시골 풍경을 곁눈질하며 달려간 곳은 바로 포넬로야 해변. 넓게 펼쳐진 백사장, 아름다운 바위벽, 섬 하나 없이 넓디넓은 가없는 수평선, 고요하고 평화로운 바다, 태평양. 너무도 아름답고 너무도 사치스러운 이 해변을 단 몇 명의 관광객만이 나누어 즐기고 있다니. 오, 해피!

니카라과 호수 중앙에 떠 있는 오메테페 섬.

코코넛을 마시며 이 럭셔리한 한가로움을 내가 또 언제 어디서
만끽할 수 있을까.

남쪽 코스타리카와의 국경선 근처에서 서쪽으로 30분쯤 가
면 거기에는 니카라과가 자랑하는 해변 산 후안 델 수르(San Juan
del Sur)가 있다. 니카라과의 최고 해변으로 알려진 이곳은 명성
에 걸맞게 많은 숙소가 있었으며 외국 관광객들(대부분 코스타리
카인이라고 함)이 니카라과 최고의 해변을 값싸게 즐기고 있었
다. 이곳을 방문한 가장 큰 이유는 우습게도 니카라과 전통 음식
인 가요 핀토(우리나라의 팥밥 비슷한 것에 계란 부침, 고기, 튀긴 바
나나 등이 어우러진 요리)가 유명하기 때문이다. 열정적인 중남미

해변에 식상했다면 반대쪽에 위치한 바다처럼 넓은 니카라과호수 중앙에 떠 있는 오메테페(Ometepe) 섬으로 가보는 것도 좋다. 호수의 선착장에 차를 주차시켜 놓고, 장엄한 호수를 가로질러 배로 1시간쯤 달려가면 만나는 오메테페 섬은 웅장하고 아름답다. 이 섬은 신대륙 발견 이전의 고고학적 유물이 남아 있는 곳으로도 알려져 있다.

거의 매일 한 번씩 쏟아지는 스콜성 소나기는 1년 내내 이글거리는 태양 아래 살고 있는 니카라과 사람들의 답답함을 덜어주고, 시원해진 평원에서 유유히 풀을 뜯는 소들의 한가로움은 삶의 평온함을 일깨워주는 듯하다. 바로 이러한 자연의 아름다운 경관들이 이데올로기 전쟁 속에서 고통받았던 니카라과인들의 아픔과 슬픔을 어루만져 주고 있는 것은 아닐까? 니카라과의 여러 곳을 여행하며 만난 사람들을 통해 다른 중미 국가(과테말라, 코스타리카, 파나마, 온두라스) 사람들과 마찬가지로 그들에게서도 역시 친절하고 재치 있으며 때로는 익살스러운 면들을 발견하기도 했다. 반면에, 천재지변과 긴 세월의 내전, 경제적인 곤궁, 좌익과 우익으로 양분된 이데올로기적 갈등 속에서 대부분의 니카라과인들은 검고 반짝이는 커다란 눈으로 내성적이고 조심스럽게 타인과 거리를 유지하려는 묵시적 진지함을 보여주는 듯했다.

___세계 무역과 금융의 허브, 파나마

임수진

새로 확장 개통한 파나마 운하.

운하와 페이퍼컴퍼니로 알려진 파나마. 중남미를 연구하는 학자들이나 스페인어를 배우는 학생들의 관심에서조차 벗어나 있는 곳이다. 그러나 이 작은 나라에 진출한 국내 법인의 수는 다른 중남미 국가에 비해 많을 뿐만 아니라 국내 은행으로는 KEB하나은행이 첫 중남미 지점을 파나마에 개설하였을 만큼 우리 경제에서 중요한 위치를 차지하는 국가이다. 파나마 법인에서 관할하는 인근 지역 국가가 많고, 세계의 많은 은행들이 파나마에 진출해 있기 때문이다.

코스타리카 산호세를 출발하여 육로로 파나마에 입국한 나는 국경에서 1시간 정도 떨어져 있는 파나마 도시 다비드(David)에 도착했다. 버스터미널 주변으로 보이는 모습은 다른 중남미 도시와 크게 다르지 않은 모습이었다. 다소 혼잡한 터미널 안으로는 코스타리카 산호세와 파나마시티로 향하는 최신 모델의 2층 버스와 미국에서 스쿨버스로 쓰던 중고 미니버스가 나란히 승객을 태우고 있었다. 승객들 중에는 전통 의상을 입은 원주민들이 많았는데, 그들은 모두 경계의 눈빛으로 필자를 바라보았다. 동양인에 대한 신기함이 아니라 매우 겁에 질린 눈으로 말이다. 그 낯선 시선에 마음이 쓰인 채 커피 천국 보케테(Boquete)로 향했다. 미국산 중고 스쿨버스를 타고 1시간을 달려 아기자기하고 평화로운 보케테 광장에 내리니 누군가 나를 부른다. 강혜경

사장이다. 강 사장은 2012년 베스트 오브 파나마 2위, 2013년과 2014년 1위를 수상하였고, 그 이후로도 매년 1~3등으로 입상하고 있는 커피 농장 아시엔다 돈 훌리오(Hacienda Don Julio)의 농장주이자 생산자다. 그는 세계 3대 커피라고 하는 게이샤 커피도 생산하는데, 게이샤 커피는 세계에서 가장 비싼 커피 중 하나로 보케테에서 1등이면 세계 1등일 만큼 생산량과 품질 면에서 최고로 인정받고 있다. 게이샤 커피나무는 커피의 명성에 비해 볼품없었다. 커피나무에 하얀 커피 꽃과 빨간 커피콩이 풍성하게 열리는 다른 품종과 달리 게이샤 커피나무는 앙상하다 못해 초라하기까지 했다. 게이샤라는 품종 이름은 생두 원산지인 에티오피아의 겟차(Gecha)라는 숲 이름이 파나마에 게이샤라는 이름으로 전해진 것이다. 일본의 게이샤에서 유래했다는 설은 사실이 아니다. 산지에서 킬로그램당 수십만 원을 호가하고, 현지에서도 한 잔에 만 원이 넘을 만큼 게이샤 커피는 상큼한 과일향, 꽃향기, 가벼운 바디감 등 우수한 품질과 화려한 향미를 자랑한다.

아시엔다 돈 훌리오(Hacienda Don Julian)는 해발 1,600미터에서 1750미터 화산 지역에 위치해 있어 최상의 게이샤 커피가 자라기 적합한 곳이다. 그러나 산꼭대기에 있는 농장은 전기도 들어오지 않고, 차로 올라가기도 쉽지 않은 곳이다. 강 사장은 이 길을 따라 일하러 올라오는 원주민 커피 노동자들을 위해 전기 설비를 추진하였지만, 현지인 농장주들의 반대로 실현하지 못했다. 필자와 농장으로 올라가는 동안에도 맨발로 다니는 원주민 노동자들이 다칠까 봐 나뭇가지 하나하나 골라낼 만큼 그는 원주민과 한 가족이었다. 필자가 농장에서 만난 원주민 가족은 참 밝았다. 하지만 그들도 처음에는 강 사장을 경계했고, 가까이 다가서면 깨물기도 했단다. 그제서야 다비드 버스터미널에서 만난 원주민들의 눈빛을 이해할 수 있었다.

이곳만의 또 다른 특징은 다른 커피 농장과 다르게 커피나무가 한 줄로 심어져 있지 않고, 듬성듬성 심어져 있다는 것이다. 커피나무를 심기 위해 일부러 나무를 베지 않고 자연과 조화롭게 심어 커피 농장이 아니라 인간의 손을 거치지 않은 야생의 숲 그대로다. 이렇게 야생 상태에서 자란 커피는 건조 방식에 있어서도 옛날 방식 그대로 태양열로 말린다. 재배부터 수확, 가공까지 인간의 손으로만 이루어지는 것이다. 수확은 지역 원주민들이 하는데, 어느 누구도 더 많은 품삯을 받기 위해 일하지 않는다. 키가 큰 남성들은 커피나무 위쪽의 커피를 따고, 여성들은 중간 부분을, 노인들과 어린이들은 아래쪽을 딴다. 더 많이 딸수도 있지만 서로를 배려하며, 누구도 강요하지 않는 이 방식을 그들 스스로 만들고 지키고 있는 것이다. 환경보존과 원주민 인권을 먼저 생각하는 강 사장의 경영 철학과 화려한 게이샤 커피향을 마음에 담고, 파나마시티로 이동했다. 예약 시스템이 없는 다비드 버스터미널은 오는 순서대로 손님을 태운다. 버스에 바로 탑승해 차장에게 버스 요금을 지불하고, 에어컨 바람이 세다 못해 냉동고같이 추운 버스를 타고 8시간을 달려 파나마시티에 도착했다.

파나마시티 신시가지의 화려한 모습.

　파나마시티의 자그마한 구시가지에는 식민지 시대에 건설한 성당이 일곱 개나 있다. 산 프란시스코(San Francisco) 대성당은 매우 단순하고 소박한 작은 성당이었다. 신기한 것은 성당에 에어컨 바람이 강하다는 것인데, 습한 기후로 인한 프레스코화 번짐을 방지하기 위해서라고 한다. 파나마시티는 습도가 높아 에어컨을 이삼 일만 가동하지 않아도 옷에 곰팡이가 필 정도다.

　한편 구시가지 건너편에 바다를 바라보고 늘어서 있는 신시가지의 높은 건물들은 마치 마이애미나 싱가포르에 와 있는 느낌이었다. 거리에서 만난 사람들의 피부색과 식당가의 세계 음식도 다양했는데, 그중에서도 중국인들이 유독 많이 보였다. 현재 약 20만 명의 중국인들이 파나마에 거주하고 있으며, 이는 파나마 인구의 4%에 해당한다. 샌프란시스코 금문교 건설 노동자들이 완공 이후에 파나마운하 건설 노동자로 유입되었다고 하나, 이는 사실이 아니다. 파나마운하 건설이 금문교 건설 시기보다 앞선다. 중국인들이 파나마에 들어온 것은 1854년 청나라 시대였다. 캐나다와 자메이카를 거쳐 들어온 중국인들은 태평양과 대서양을 잇는 철도 건설 노동자로 일했고, 운하 건설 때도 상당히 많은 중국인들이 들어와 정착했다. 중국인 이민 역사는 파나마 사람들의 식문화도 바꾸어놓았는데, 이제 딤섬은 파나마 사람들이 즐겨먹는 아침 메뉴다. 그들이 사용하고 있는 스테인리스 딤섬 채반은 중국에서 볼 수 없는 것으로, 대나무 채반을 쓰지 않고 이민 초기의 옛날 방식 그대로 지켜오고 있다.

전 세계 무역과 금융의 허브 파나마. 새로 개통된 확장 운하는 파나마를 더욱 국제적이고 개방적인 국가로 나아가게 할 것으로 보인다. 작은 나라지만, 무역과 금융에 있어 우리에게 중요한 위치를 차지하고 있는 파나마에 대한 관심을 늘려야 할 때다.

—상춘의 국가, 과테말라

임효상

카카오라는 근사한 식당에서 타말과 함께한 과테말라의 고유 음식. ⓒ임효상

마야 문명의 흔적이 아직도 남아 있는 과테말라로 떠나는 여행은 그리 간단하지 않았다. 미국 댈러스를 거쳐서 가는 여행은 공항에서 긴 시간을 기다려야 하는 새로운 훈련을 받는 과정을 거쳐야 했다. 한국에서 평소 과테말라 사람들과 친분 관계를 가져서 그런지 이제 드디어 과테말라에 가는구나 하는 마음에 기대감과 호기심이 생겼다. 멕시코와 근접한 중미 국가로서 과연 어떠한 차이점이 있을까 하는 개인적인 궁금점이 생겼다.

콜롬비아의 보고타 시가 상춘(常春)의 도시라면 과테말라는 상춘의 국가라고 불린다. 1월에 도착했을 때 우리나라의 여름 날씨와 비슷한 느낌을 받았다. 4계절이 뚜렷한 우리나라의 날씨와 너무나 대비되는 곳이기도 하다. 그럼에도 불구하고 과테말라에 진출해 있는 한국 섬유회사 직원이 거의 만 오천 명에 육박한다고 한다. 마킬라(Maquila) 지역에 진출한 외국 자본의 60%가 한국 기업의 투자라는 설명을 듣고 자부심이 생긴다.

처음에 과테말라 여행을 준비하면서 치안이 부족하니 조심해야 한다는 얘기를 주변 사람으로부터 많이 들어서인지 긴장도 했었지만 라파엘 살라자르 주한 과테말라 대사님 덕분에 그 걱정은 공항에 도착하는 순간 사라져버렸다. 미지의 목적지에 도착하는 순간 서울에서 자주 뵈었던 그분을 뵙게 되자 친아버지를 만난 듯한 느낌이 들었다. 호텔에 도착한 후 시차 극복도

수공예 자수품을 팔고 있는 안티구아의 한 소녀. ⓒ임효상

할 겸 적당한 알코올 섭취를 위해 바에서 간단한 안주와 맥주 두 병을 시켰다. 기다리는 동안 TV를 보니 스페인어로 아리랑 TV 프로그램이 나온다. 바의 종업원은 우리나라의 드라마를 열심히 본다고 한다. '빨리빨리'를 비롯한 간단한 우리말 표현도 TV를 통해서 많이 배웠다는 설명도 친절하게 해준다.

과테말라는 원주민의 비중이 높은 나라이다. 게다가 메스티소로 인한 정체성의 문제가 사회적인 이슈가 되고 있는 나라이기도 하다. 우리나라에서도 다문화 사회에 대한 관심이 최근에 와서 늘고 있지만 얼마 전에 한국을 방문한 마리오 로베르토스 모랄레스(Mario Robertos Morales) 교수도 이에 대한 문제점을 지적하였다. 과테말라의 경우는 마야 문명의 후손들이 예전의 의상을 그대로 입고 다니고 있다. 호텔에도 원주민 의상을 입고 투숙한 사람이 엄청나게 많았다. 처음에는 농민 시위차 상경한 사람들인 줄 알았다. 안티구아를 방문했을 때도 수공예 자수품을 팔고 있는 소녀가 매우 인상적이었다.

여행을 하면서 가장 먼저 배우게 되는 것은 그 나라의 습관이나 음식이다. 카카오라는 근사한 식당에서 타말과 저녁을 초대해 준 사람의 추천을 받아서 고유 음식을 시켰다. 역시 색다른 느낌이었다. 가끔 멕시코의 음식과 어떤 차이점이 있는가 미각적인 분석을 시도해 보았으나 짧은 시간이라서 무리였다. 멕시코의 타고집과 비슷한 아주 깨끗한 타코집도 보였다. '타콘텐토(Tacontento, 그곳에 가면 만족한다는 뜻)'라는 식당 이름을 보니, 언어학자인 나에게는 식당 주인이 매우 신경을 쓴 것이 역력해 보였다.

마야 사람들은 수학에 있어서 매우 앞서 있다고 한다. 역시 세계적인 문명이라는 호칭을 가진 것 자체가 시대를 뛰어넘어서 무엇인가 앞서 있다는 것을 입증하는 것이 아닌가 생각되었다. 그들의 국민소득이 우리보다 적지만 행복지수는 우리보다 더 높을 수 있다는 생각이, 그들의 문명에 대한 자부심을 보고 들었다.

여행 둘째 날은 중남미에서 가장 오래된 대학 중의 하나인 산카를로스 대학을 방문하였다. 학생수가 30만 명 정도 되는 엄청난 캠퍼스였다. 인상적인 것은 한국 정부와 기업이 후원해서 만든 인터넷 카페가 개설되어 있었다는 점이다. 역시 우리나라가

여행자의 천국이라는 안티구아. ⓒ임효상

IT 강국이라는 면모를 일순간에 알 수 있는 모습이었다. 이곳 과 테말라에는 KOICA 사무실이 있어서 페루와 더불어 중남미와 우리나라의 협력 관계가 활발한 지역이라는 것을 알 수 있었다.

마지막 날에 중남미 사람들이 배낭여행을 하기 전에 들른다 는 여행자의 천국이라는 안티구아를 방문하였다. 외국인 관광 객들이 많이 찾는 지역이라 경찰도 많이 배치되어 있었고 이곳에 엄청난 스페인어 학원이 있다고 한다. 현지인 설명에 의하면 한 달 정도 스페인어 집중 코스를 들은 후 본격적으로 중남미 배낭여행을 시작하는 사람들이 제법 많다고 한다. 게다가 일대일 집중 튜터 제도도 있어서 단기간 내에 스페인어를 배우기에는 적당한 곳으로 보였다. 관광지치고는 학원비와 숙비도 제법 저렴해 보였다.

소문난 잔칫집에 먹을 것이 없다는 말도 있지만 안티구아는 예외였다. 나는 살라자르 대사님 덕분에 근사한 식당에서 점심을 즐겼다. 지금도 기억하고 있지만 배탈이 나서 음식을 제대로 못 먹었던 게 아쉬웠다. 한국에 들어와서도 그분이랑 이태리 식당에서 저녁을 할 기회가 있었는데 그때도 속이 안 좋았던 것은 우연의 일치라고 하기에는 너무나도 나에게는 잔인한 경험이었다.

귀국하기 전까지 매우 빽빽한 일정이었지만 그곳에서 일하고 있는 졸업생들과 저녁을 함께할 수 있는 시간이 있었다. 새벽 2시까지 졸업생과 과테말라 친구들과 함께 이런저런 얘기를 나누다 보니 끝이 없었다. 시간이 그곳에서 멈추었으면 하는 바람이었다. 그러나 다시 오기를 기약하면서 다음 행선지인 멕시코시티행 비행기를 탔다. 케찰처럼 자유롭게 다시 날아오고 싶은 과테말라. 아디오스 과테말라!

___푸에르토리코, 라틴과 앵글로 사이에 선 보리켄

장혜영

스페인의 식민지에서 미국의 속령으로, 독립된 나라를 한번도 이뤄보지 못했던 푸에르토리코. ⓒ 장혜영

'풍요로운 항구'라는 뜻의 '푸에르토리코(Estado Libre Asociado de Puerto Rico/ Commonwealth of Puerto Rico)'는 카리브해 대(大) 앤틸리스 제도의 네 개의 섬들 중에 가장 작은 섬으로, 아이티와 도미니카 공화국이 있는 에스파뇰라 섬의 동쪽에 위치한다.

미국의 자치령이고, 그래서 달러를 쓰기 때문에 저렴한 휴양지로서의 장점이 없으며 굳이 먼 길을 찾아 가기에는 나라가 작아 볼거리도 그리 많지 않다. 그런데도 이곳에 한번 꼭 가보고 싶었던 것은 푸에르토리코 출신 음악인들의 노래를 듣다 보니, '저 나라 사람들은 밥 먹고 음악만 하나, 어떻게 저렇게 많은 음악인들을 배출할 수가 있지……' 싶은 의문이 들었기 때문이다.

고전적 살사의 제왕이었던 엑토르 라보(Hector Lavoe)에, 맹인 뮤지션 호세 펠리시아노(José Montserrate Feliciano García), 라틴 팝의 대명사로 1998년 프랑스 월드컵의 공식 노래 「인생의 컵(La copa de la vida)」을 부른 리키 마르틴(Ricky Martin), 차얀, 카예 13(Calle 13), 미국에서 태어났으나 아버지의 나라 푸에르토리코에서 음악 활동을 시작한 마크 앤소니(Marc Anthony), 미국에 살았지만 푸에르토리코 음악을 주도한 '팀발의 제왕' 티토 푸엔테스(Tito Fuentes), 소프라노 아나 마리아 마르티네스(Ana María Martínez), 「용서해요(Perdón)」의 작곡가 페드로 플로레스(Pedro Flores)와 「보리켄의 탄식(Lamento boricano)」의 작곡가 라파엘 에

푸에르토리코는 예전에 '보리켄' '보린켄', 혹은 '보루켄' 이라 불리었다. 그래서 푸에르토리코 사람들을 '보리쿠아' 라고 부르기도 한다. ⓒ 장혜영

르난데스(Rafael Hernández) 등등 푸에르토리코 출신 음악인들은 알게 모르게 조용히 라틴아메리카와 미국 음악계의 실세였다.

게다가, 레너드 번스타인이 작곡한 뮤지컬「웨스트사이드 스토리」의 주인공들도 푸에르토리코계 이민자들이다. 번스타인이 푸에르토리코 스타일의 라틴 음악을 작곡해 넣기 위해 일부러 그렇게 설정했다는 설이 있다.

또 우리가 대충 쿠바 쪽 음악이라 생각하는 살사의 한쪽 축이 푸에르토리코 음악이었다. 1960년대 미국에서 유행하며 연주되었던 라틴 댄스 리듬 음악이 '살사'라고 불리어졌는데, 그 한 축이 쿠바 출신 음악인들이었다면 그 다른 축이 푸에르토리코 출신 음악인들이었던 것이다.

게다가 파나마에서 시작된 스페인어 레게를 '레게톤'으로 양식화하거나 각종 라틴 리듬들을 대중의 기호에 맞추어 라틴 팝으로 만든 것도 푸에르토리코 출신 프로듀서들의 활약이 컸다. 이 정도면 푸에르토리코도 음악의 나라라고 자부할 만하지 않을까?

하지만 음악을 빼놓고 보더라도, 푸에르토리코는 역사적으로 흥미로운 나라다. 아니, 고통스러운 역사를 지닌 곳이다. 콜럼버스 도착 이후 타이노 원주민들이 학살되었고, 다른 라틴아메리카 나라들이 일찌감치 독립해 있었던 19세기 말까지 스페인 최후의 식민지로 있었다. 그러다 1898년 미국-스페인 전쟁에서 미국이 승리하자 이제는 미국의 속령이 되었다.

한 번도 독립된 나라를 가져보지 못한 그들의 슬픔은 그들의 음악 속에 녹아 있고, 미국의 속령이 된 이후 돈을 벌기 위해 미국으로 건너간 푸에르토리코인들이 본토의 미국인들보다 더 잘할 수 있는 거의 유일한 것이 라틴 리듬 계열의 음악이라 그들에게 음악은 삶의 수단이 되었고, 그렇게 점점 푸에르토리코 출신 음악인들이 양성되어 간 것이었다.

푸에르토리코의 수도는 산 후안으로, 보통 미국의 마이애미에서 비행기를 타고 들어간다. 산 후안의 루이스 무뇨스 마린 국제공항에 내려 숙소를 예약해 놓은 푸에르토리코 대학교 앞에 어떻게 갈 수 있는지 공항 안내에 물어봤더니, 조금 먼 편이라 버스를 타면 오래 걸리니까 택시를 타고 가는 게 좋을 것이라 한다. 하지만 실제로는 버스를 타도 별로 오래 걸리지 않았고 그리 먼 거리도 아니었다. 나라가 워낙 작다 보니 거리 개념이 다른 것 같은데 어딜 가나 멀지 않아 금방 갈 수 있는 게 편하기는 했다.

대중 교통망 자체는 미국식으로, 도시 전체 구석구석에 버스가 다 가기는 가는데 그러다 보니 빙빙 도는 경향이 있고 또 버스가 자주 안 온다는 문제가 있기는 했다. 대신 깨끗한 지하철도 있고 도시 자체가 작아서 미국과는 달리 대중교통만으로도 이동하는 데 큰 불편은 없었다.

푸에르토리코는 여느 카리브해 나라들과 마찬가지로 1년 내내 뜨거운 날씨로 가만히 있어도 땀이 주룩주룩 흐를 정도지만, 나라 분위기는 카리브해 나라들 중에 제일 차분한 편이었다. 도시도 조용하고, 사람도 그리 많지 않고, 관광객도 많지 않았다. 그런 분위기 자체가 미국적이라 '역시 여기는 라틴아메리카이자 앵글로 아메리카인 곳이 맞구나' 하는 실감이 났다. 얼마 있지 않았기에 단정할 수는 없지만, 극단적인 가난에 내몰린 사람들도 그리 자주 눈에 띄지 않는 것도 여느 카리브해 나라들과는 달라 보이는 점이었다.

개인적으로 놀라운 것은 푸에르토리코 대학교(UPR)였다. 리오 피에드라 지구에 중앙 캠퍼스가 있는데 공립 대학교임에도 눈이 휘둥그레지게 시설이 좋다. 학교 앞에 기숙사와 기숙학생들을 위한 상가가 형성돼 있는데 거기도 마찬가지였다. 기숙사는 고급 오피스텔처럼 근사한데다 상가도 고급 쇼핑센터 같다.

학교는 새떼가 날아드는 드넓은 숲을 다 차지하고 있는데 날이 덥다 보니 낮에는 오히려 조용하고 껌껌한 밤중에 전깃불을 최소한으로 켜고 주로 야외에서 이것저것 할 일을 다 하고 있었다. 밤에 학교 야외 정자에서 새소리를 듣고 바람을 맞으며 요가 수업을 하는 게 인상적이었다.

학교 안으로 지하철이 들어오고, 또 학교가 공립이기 때문에 그 좋은 시설들을 시민들에게 모두 제공했다. 나 같은 외국인 관광객에게도 마찬가지였다. 도서관 컴퓨터도 마음껏 쓰고 음악대학 자료실에 가서 푸에르토리코 음악인들의 악보도 마음껏 볼 수 있었다.

그런 좋은 학교, 좋은 시설들도 다 미국식이라 할 수 있겠다. 하지만 이 좋은 시설에서 공부하는 푸에르토리코의 엘리트들인 학생들 중 일부는 푸에르토리코가 미국의 한 주가 되는 것에 반대하며 푸에르토리코의 자주 독립을 주장하고 있었다.

2012년, 푸에르토리코가 미국의 한 주로 편입되는 것에 대해 주민 총투표를 한 결과 투표자들의 절반 이상이 미국의 한 주가 되는 것에 찬성표를 던졌다. 그간 같은 주제로 여러 번 총투표를 했지만 찬성표가 과반을 넘긴 것은 처음 있는 일이었다.

물론 푸에르토리코 주민 전부가 투표를 한 것이 아니었기 때문에 이 총투표 결과가 민의를 모두 반영한다 볼 수 없고, 또 미국 쪽에서도 푸에르토리코를 새로운 주로 받아들이려면 여러 까다로운 법적 절차를 거쳐야 하기 때문에 2012년의 이 총투표 결과는 아직 현실로 나타나지는 않았다. 하지만 푸에르토리코의 역사에 있어 충격적인 사건이 아니라 할 수 없겠다.

산 후안의 역사 지구에는 산 크리스토발 요새가 남아 있다.

푸에르토리코 독립주의자로 활동하다 FBI에 체포돼 36년째 감옥에 갇혀 있는 오스카르 로페
스 리베라를 위해 그린 푸에르토리코 대학의 그림들. ⓒ 장혜영

콜럼버스 도착 이후 한 번도 자기들 스스로의 나라를 가져 보
지 못한 푸에르토리코에서도 스페인에 대항해, 이후에는 미국
에 대항해 독립 운동을 하다가 목숨을 잃거나 거의 평생을 갇혀
산 사람들도 있었다. 독립주의가 고취되던 1930년대에 작곡가
라파엘 에르난데스는 미국의 속박으로부터 벗어난 조국을 꿈꾸
며 「프레시오사(Preciosa)」라는 아름다운 볼레로를 만들었다. 아
래는 노래의 가사 중 일부분이다.

에덴동산이 되어야 할 이곳,
어머니 스페인의 고귀한 기품을 지녔고,
용감한 원주민들이 세운 돌들 또한 지녔으니

(……)

폭군이 검은 악을 가져와도 중요치 않으리.

깃발도 없고 월계수도 없고 영광도 없지만

우리는 자유의 아들들이기에.

산 크리스토발 요새에서 카리브해를 바라보며 이 노래를 한 번 불러 보았다. 우리가 자유 국가가 되어야 하는 이유가 우리의 어머니는 스페인이기 때문이라니, 이 얼마나 아이러니한 논리인가. 그런데 1930년대 당시 푸에르토리코 지식인들의 생각은 정말로 그랬다. 우리는 스페인 문화의 세례를 받은 스페인어권 아메리카지 앵글로 아메리카가 아니기 때문에 독립해야 한다는 것이었다.

서글픈 논리지만 이제는 그 논리마저도 그리워질 정도로 경제 논리가 모든 것을 지배하는 세상이 되어버렸다. 세계에서 가장 부유한 나라의 한 부분이 되는 것이, 그렇게 꿈꾸던 독립 국가 푸에르토리코를 이루는 것보다 현실적으로 나은 것이라 생각하는 사람들이 주민투표의 절반을 넘어설 정도가 되었다는 얘기다.

하지만 이런저런 생각에 가슴이 답답해지려 하면 저돌적인 랩을 부르는 '카예 13'의 곡들을 들으면 된다. 이 혼란스러운 와중에도 또 '카예 13'처럼 독립 푸에르토리코 공화국을 꿈꾸는 젊은이들도 존재하기 때문이다.

푸에르토리코의 미래는 불확실하다. 2015년 국가 부도 사태를 맞으며 경제를 살릴 수 있게 미국의 한 주가 되어야 한다는

산크리스토발 요새에서 바라본 카리브해 . ⓒ 장혜영

주장이 목소리를 더 높이고 있고 반대로 트럼프 대통령의 미국에서 푸에르토리코가 주로 승격될 가능성은 없으니 다른 길을 찾아야 한다는 주장도 거세지고 있다. 그 와중에 2017년에 또 한 번의 주민 총투표가 실시되었다.

투표 결과가 어떻든, 푸에르토리코 전 국민들이 백 프로 다 투표하지 않는 이상 주민 총투표의 결과로만 나라의 운명을 결정할 수 없다는 문제가 또 제기될 것이다. 그리고 미국은 탐탁지 않아 하며 법리적인 문제를 빌미로 차일피일 논의를 미룰 가능성이 높다.

앵글로 아메리카인 미국의 한 부분이자 라틴아메리카 나라들과 같은 역사와 문화를 공유해 온 푸에르토리코. 친절했던 푸에르토리코 대학의 교직원들과 학생들에게 작별을 고하고 산 후안을 떠나올 때, 마음의 위안을 얻으려 '카예 13'의 노래를 들었다.

그들의 대표곡인 「라틴아메리카(Latinoamérica)」(2011)에서 르네 페레스는 숨 가쁜 랩으로 역사 속에서 같은 아픔을 곱씹고 같은 문화를 향유했던 '라틴아메리카'의 연대를 계속해서 주장한다. 그리고 마지막으로 외친다.

"내 삶은 너희가 돈으로 살 수 없는 것이다(No puedes comprar mi vida)."

—도미니카 야구 공화국과 나비가 된 미라발 자매

장혜영

'세상에서 가장 아름다운 바다'라고 해도 과장이 아닌 옥빛 카리브해. ⓒ 장혜영

'세상에서 가장 아름다운 바다'라고 해도 과장이 아닐 옥빛 카리브해, 그 절경을 자랑하는 섬들 중 쿠바와 푸에르토리코 사이에 위치한 것이 에스파뇰라 섬이다. 그 섬의 절반(나머지 절반은 아이티)을 차지하고 있는 도미니카 공화국은 구미 관광객들에게는 멕시코 칸쿤보다 훨씬 싼 값에 카리브 바다를 즐길 수 있는 저렴한 관광 국가로, '음악 좀 안다'는 이들에게는 메렝게(merengue)의 고향으로, 그리고 스포츠를 즐기는 사람들에게는 최고의 '야구 국가'로 각인되어 가는, 작지만 대단한 나라로 알려져 있는 곳이다. 제2회 월드 베이스볼 클래식(WBC)에 도미니카 대표로 출전한 선수들이 에르빈 산타나, 알베르트 푸홀스, 알폰소 소리아노 등등이라니, '야구의 종주국 미국은 이제 가라'고 큰소리칠 만한 현존 최강의 야구 공화국 아닌가.

그런 도미니카는 우리나라와 경제적으로 밀접한 나라여서 적지 않은 한국 기업들이 진출해 있다. 그래서인지 다른 나라 방문객들은 공항에서 꼭 사야 입국이 가능한 여행자 카드의 면제국 명단에 '남쪽 코리아(South korea)'라는 이름이 당당히 올라와 있다. 그렇게 수도 산토도밍고의 라스아메리카스 공항 건물을 빠져나오니 쿠바 아바나의 말레콘을 연상케 하는 푸른 바다가 바로 눈앞에 펼쳐진다. 그때부터 당장 들리는 소리가 '기름값이 비싸서', '기름값 때문에······'이다. 이상한 건, 쿠바와 마찬가지

도미니카 야구장 풍경. ⓒ 장혜영

로 석유가 거의 나지 않는데도 택시를 포함해 대부분의 차가 수동 기어가 아닌 자동이라는 점이다.

산토도밍고에 도착하자마자 정신없이 달려간 곳은 다름 아닌 키스케야(Quisqueya) 야구장이었다. 당시 2007년 12월은 도미니카 겨울 리그 기간이었는데 산토도밍고 연고의 레오네스 데 에스코히도 팀에 한국 롯데 자이언츠의 두 선수가 비시즌인 겨울에 훈련차 와서 뛰고 있다고 하기에 취재라도 해볼까 싶어 허겁지겁 달려갔다. 아니나 다를까, 그 팀 더그아웃에 한 젊은 동양 선수가 왔다 갔다 하는 것이 보인다. 그래서 자신 있게 "안녕하세요!" 하면서 손을 흔들었더니, 그 친구 왈, 서투른 스페인어로 "나, 한국 아니에요. 일본이에요. 일본." 이러는 게 아닌가. 그는 일본 주니치 드래곤스 소속의 투수 가와이 스스무로 그의 말인즉슨 한국에서 온 두 명은 얼마 전 소속팀의 부름을 받고 급하게 돌아갔다는 것이다.

이왕 이리 된 거, "나, 오늘 선발이에요."라며 자랑스럽게 말하던 그 일본 좌완 투수의 경기나 지켜보기로 했다. 일요일 저녁이라 꽉 찬 경기장에는 공수 교대 때마다 메렝게 음악이 흘러나오고 그럴 때면 관중들이고 맥주 파는 판매원이고 할 것 없이 음악에 맞춰 몸을 흔들어댄다. 그런 열기가 부담스러웠는지 내 앞에서는 그리 당당하던 일본 청년, 공 하나하나를 던질 때마다 잔뜩 긴장하고 시간을 끈다. 어째 간당간당한 느낌인데도 크게 실점은 하지 않고 위기를 잘 막아 4회까지 1실점 비자책으로 버티다, "잘 던지고 있으니 바꾸지 말라"고 외치던 에스코히도 팬들의 기립 박수를 받으며 마운드에서 내려왔다. 내가 그 선수 응원하러 온 일본 사람인 줄 알고 에스코히도 팀의 사자 마스코트는 내게 두 손을 합장하는 자세의 불교식 인사를 했다. 그런데 뒷줄의 어떤 사람이 응원용 대자보 같은 걸 들고 나타났는데 그 내용이 흥미로웠다. '세상에서 제일 나쁜 놈은 트루히요와 에스코히도 팀이다!' 에스코히도 팀을 약 올리려는 상대팀 응원객인 모양인데 그걸 보고 든 생각, '그래도 도미니카 사람들은 독재자 트루히요를 나쁘다고 생각하는구나. 영웅으로 떠받들지는 않는 모양이네.'

도미니카는 외세의 개입이 극심했던 쿠바와 비슷한 점이 많은데, 한 가지 다른 점은 도미니카와 국경을 맞대고 있는 아이티가 프랑스어를 쓰는 것에도 볼 수 있듯 이 땅에는 프랑스 세력까지 들어와 얽히고설킨 역사가 있었다는 점이다. 스페인, 프랑스, 아이티 등의 개입과 지배 후 1844년, 아이티로부터도 벗어나 도미니카 공화국을 수립했지만 쿠바와 마찬가지로 그게 또 진짜 독립이 아니었다. 라틴아메리카 땅에 여전히 미련이 남아 있던 스페인이 다시 개입했다가 미국이 끼어들어 쫓아내면서 그때부터는 미국의 영향력 아래에 있어야 했다.

그리고 미국의 지지를 받는 군부 독재 정권이 등장했으니 그게 바로 라파엘 트루히요(Rafael Leónidas Trujillo Molina, 1891~1961)였다. 트루히요는 32년간의 집권 후 1961년에 암살되었는데, 그의 집권 시기의 가장 유명한 일화 중 하나가 일명 '나비들(Mariposas)'로 불리는 미라발 가(家) 자매들의 슬픈 이야기이다.

미라발 자매는 산토도밍고의 엘리트 집안 딸들로 트루히요가 참석한 한 파티 장소에서 약간의 트러블을 일으켰다고 온 가족이 박해를 받게 되어 아버지는 죽고 세 자매는 트루히요 독재에 반대하는 반정부 활동을 본격적으로 시작하게 된다. 그녀들은 트루히요의 실각 직전에 감옥에 간 남편들을 면회하고 오다가 정보부 요원들에게 끌려가 몽둥이로 죽을 때까지 구타당한 뒤 암매장되었다. 이 자매들의 이야기는 어두운 시절에 여성에게 가해질 수 있는 모든 형태의 폭력을 보여주는 한 예로, 라틴아메리카의 여러 문학 작품과 영화 등에서 다뤄졌다. 최근에 발행된 200페소짜리 새 지폐에도 그녀들의 초상이 찍혀 있다.

어쨌든 그런 인물이 바로 트루히요인데, 독재 기간이 길면 길

도미니카 독립 공원. ⓒ 장혜영

수록 추종자도 많기 때문에 일각에서는 영웅 대접을 하지 않을까 했더니만, 도미니카 사회는 그렇지는 않은 모양이었다. 에스코히도 팀을 트루히요에 비유한 그 대자보를 보자마자 에스코히도 팀 팬들이 격분해 빼앗아서는 막 찢던 것을 본다면. 실제 트루히요는 도미니카 사람답게 야구를 광적으로 좋아해서 내가 보고 있는 이 경기의 두 팀, 산토도밍고 연고의 라이벌 팀들인 에스코히도와 리세이 팀을 자기 마음대로 합병하는 등 야구계에서도 철권을 휘두르다 도미니카 야구판을 완전히 뒤집어 놓은 적이 있다 한다.

그런 도미니카에서는 국민 선거를 앞둔 후보들의 정치 광고에도 그저 야구다. 정치가들이 야구 선수 복장을 하고서는 '국민 여러분의 속을 확 푸는 안타를 치겠습니다' 하기도 하고 투수 복장을 하고 나와서는 '국민 여러분의 소망 한가운데로 들어가는 스트라이크를 던지겠습니다' 하기도 한다. 게다가 TV에서는 도미니카를 대표하는 야구 영웅 중 한 명인 새미 소사의 생일 파티 뉴스가 일주일 내내 나와서 미녀 아내와 추는 요염한 메렝게 춤 장면을 지겹도록 보기도 했다. 그 분위기에 젖어 나도 일주일 뒤 다시 한 번 키스케야 야구장으로 향했다. 한 세대를 풍미한 도미니카 출신의 명투수 페드로 마르티네스가 협회에서 주는 상을 타러 온다고 해서 갔는데 메이저리그를 호령한 투수치고는 체구가 너무 작아 보였다.

작은 체격의 핸디캡을 팔꿈치 뼈가 으스러지도록 던지는 근성과 끈기로 극복해 부와 명예를 거머쥔 마르티네스의 모습을 보면서 도미니카 사람들에게 야구가 어떤 의미인가를 짐작할 수 있었다. 야구, 신나는 음악, 아름다운 바다, 무엇보다 적극적인 친절로 무장한 도미니카 사람들 때문에 언제보다도 즐거운 여행을 했던 그곳이었다. 하지만 그 어느 라틴아메리카 나라들보다도 극소수에 의한 부의 독점이 심각한 그 땅에서 오직 야구로 인생 역전을 꿈꾸는 이들을 바라보는 것은 결코 마음 편한 일이 아니었다. 그래도 페드로 마르티네스가 나올 때 경기장에 소리 높이 틀어주었던 듀오 디나미코의 노래 「견디어 내리라 (Resistire)」의 가사처럼 힘든 현실을 견디어온 도미니칸들에게 야구는 그들의 꿈이자 현실 속의 작은 위안이요 실낱같으나 포기할 수 없는 판도라의 상자 바닥에 남겨진 희망임에 틀림없을 것이다.

___쿠바에서 '행복'하지 않은 쿠바 사람들

김선호

제3의 도시 올긴에 있는 바닷가. Guardarabaca.

쿠바를 다녀온 사람들은 이곳을 대부분 환상의 섬이라고 한다. 카리브해의 뜨거운 햇빛, 흥이 절로 나오는 라틴 특유의 음악, 그리고 사탕수수와 럼과 시가, 재즈와 살사의 나라, 모히토나 아바나클럽……. 쿠바리브레와 같은 럼을 좋아하는 사람이든, 시가를 좋아하는 사람이든, 살사를 좋아하는 사람이든, 음악을 좋아하는 사람이든, 어느 누가 쿠바를 여행하고 이 나라를 사랑하지 않을 수 있을까. 이 모든 이들에게 쿠바는 마치 파라다이스임에는 분명한 것 같다.

트리니다드에서부터 산티아고 데 쿠바까지 히치하이킹과 카미온(현지인이 타는 교통수단인 트럭)을 타고 여행을 시작하기 전까지는 나도 쿠바의 파라다이스에 푹 빠져 있는 한 명이었다. 아마 이때부터 나는 궁금한 것들이 많아지기 시작했던 것 같다. '파라다이스의 쿠바'가 아닌 '쿠바에서 사는 쿠바 사람들'의 일상에 대해서 말이다.

카미온을 타고 쿠바의 남부 지역으로 내려가면서 내내 쿠바인들의 '궁핍한' 삶을 보는 맘이 편치 않았다. 중간 기착역에 정차할 때마다 40~50년 전에 있었을 법한 철 덩어리 같은 트럭들, 이 트럭으로 근교 도시를 한번 이동하는 데 평균 3시간이 걸렸는데, 엉덩이가 남아나질 않을 정도로 그 덜컹거림은 만만치 않았다. 5페소짜리 과일과 과자를 팔기 위해 달려오는 쿠바 사람

산티아고 데 쿠바 대성당 앞에서 결혼식을 하고 있는 예비부부들. 결혼식 도중에 살사 음악이
나오고 춤까지 춘다. ⓒ 김선호

들을 보면서 나는 내가 말레콘 해안에서 보았던 사람들의 행복
한 웃음들의 '정체'가 궁금해졌다. 그들의 웃음은 진정한 행복
한 웃음이었을까.

그래서 나는 쿠바인들에게 쿠바는 그들에게 어떤 나라인지,
정말 그들에게도 환상의 섬인지, 혹은 오성호텔에 머물며 쿠바
를 여행하는 관광객들이 말하는 파라다이스인지 물어보기로 작
정했다. 왜냐하면, 쿠바 수도 아바나의 말레콘에서 뜨거운 사랑
을 나누고, 노래와 음악이 있는 곳이라면 주위 아랑곳없이 자유
롭게 춤을 추며 행복해하는 모습들을 나는 카미온을 함께 타고
이동하는 사람들의 모습에서는 전혀 볼 수가 없었으니까.

흥겨운 노래가 나오는 상황인데 왠지 표정이 어둡다. 왜일까?(TROVA TRADICIONAL CUBANA에서)[산티아고 데 쿠바] ⓒ 김선호

　산티아고 데 쿠바에서 나는 쿠바인 친구 집에 초대를 받았다. 나는 이때다 싶어 조금씩 마음에 담고 궁금했던 것들을 하나씩 묻기 시작했다.

　"나는 쿠바를 여행 다니면서 볼 수 있었던 너희들의 행복한 표정들을 잊고 싶지 않아. 매순간을 즐기고 그 소중함을 알고 있는 듯한 표정들, 남들에게 보이기 위한 미소가 아닌, 마음에서 진정으로 우러나오는 웃음들 말이야. 너무나 행복해 보였고, 자유롭게 느껴져서 부럽기도 했지. 단순히 카리브해의 기후 영향 때문일까? 물론 그것도 영향이 있겠지? 하지만 그래도 그것만으로는 확실히 설명이 부족해. 이렇게 가난하고 궁핍한 상황에서 어떻게 그런 웃음을 잃지 않을 수 있는 거야?"

방금 전까지 장난기 넘치고, 가장 쾌활한 놈의 표정이 사뭇 진지해지기 시작했다.

"친구, 넌 정말 여기 쿠바 사람들이 행복하다고 믿니? 네가 쿠바인들의 얼굴에서 봤던 이 기쁨들은 전부 인위적이야. 진심이 아니란 말이야. 한번 생각해 봐. 약 50년이 넘는 세월 동안 우리는 이 나라를 나가려면 불법으로 다 목숨을 걸어야 했어. 왜 그렇게 많은 쿠바노들이 미국이나 유럽으로 목숨을 걸고 바다를 건너는지 한번 생각은 해봤니? 더 나은 삶을 찾기 위해서 그리고 쿠바에 남아 있는 가족들을 위해서야. 실제로 2천만 명이 넘는 쿠바인들이 미국이나 유럽으로 망명을 했어. 그 웃음들이 진실이라면 이곳을 떠날 리가 없잖아. 겉으로는 웃고 있지만 마음속으로는 울고 있는 자들이 더 많을 거야."

내가 만난 그 쿠바 친구는 계속해서 말을 이어갔다.

"우리에게 허락된 자유는 얼마 없어. 우리가 듣고 싶은 음악도 마음대로 듣지 못해. 내가 사고팔고 싶은 것도 복잡한 절차를 걸쳐야 해. 심지어 문신도 불법이야. 너희들이 아무렇지도 않게 누리는 것들이 우리에게는 전부 쇠고랑을 찰 수 있는 죄가 될 수 있는 것들이야. 예를 들어 비틀즈 같은 그룹을 포함해서 영어로 된 모든 음악과 라디오를 듣는 것 자체가 금지되었고, 어느 아티스트도 영어로 된 음악을 녹음할 수 없었어. 레즈비언, 게이라는 이유만으로도 수갑을 찰 수 있는 나라란 말이야. 그리고 개인의 집, 개인의 차들을 팔려면 전부 불법으로 팔아야 했어. 우리에게 주어진 선택권은 얼마 없어. 직접 소유할 수 있는 것들을 구하기도 어려울뿐더러 팔 수 있는 방법도 얼마 없단 말이야. 넌 본 적

있니? 어느 마을의 대리점에서 개인 차를 파는 것을? 그리고 몇
십 년 동안 달러나 모든 종류의 화폐가 우리 주머니로 들어가는
것조차 다 금지되었지. 만약 우리 몸에서 달러가 나온다면 전부
교도소행이었어."

이 친구의 말대로라면 쿠바에는 평화롭게 살 권리, 인간답게
살 권리, 자신들의 생활방식을 선택할 권리란 없었다. 우리가 당
연하게 누리고 있던 '자유'라는 것을 쿠바 사람들은 정부의 통
제로 억압받고 있는 것이다. 그리고 그는 계속해서 '울분에' 찬
듯 말을 이어갔다.

"또 우리 도시에 있는, 우리 마을에 있는 모든 호텔들은 단지
외국인들을 위한 것이야. 지금도 역시 평범한 쿠바 사람들이 호
텔에서 숙박을 하는 건 절대 불가능한 일이라고. 우리 월급은 너
희들이 생각하는 것보다 훨씬 낮아. 얼마라고 생각하니? 너는
한국에서 받는 월급이 얼마니? 쿠바에선 의사나 기술자들도 겨
우 50~70쿡(1달러=1쿡)을 받을 뿐이고, 아마 대부분의 쿠바 사
람들은 그보다도 훨씬 못한 18~24쿡을 받을 거야. 우리는 월급
을 페소로 받고 식료품이나 생필품 같은 것들은 전부 쿡으로 사
야 해. 25페소를 내야 1쿡으로 받을 수 있어. 내 월급은 370페소
지. 이걸 겨우 16쿡으로 바꿀 수 있다는 얘기야. 우리 엄마는 연
금을 매달 8쿡을 받고 생활하시는데. 그래, 이걸로도 충분히 행
복할 수 있어. 단지 오래전부터 이 상황이 바뀌기만을 간절히 기
도하고 있을 뿐이야."

실제로 일반 레스토랑에서 서빙을 하는 롤란드라는 친구는
월급으로 18쿡(450페소)을 받는데 이는 한화로 하면 약 2만 1000

원에 해당한다. 일요일을 제외하고 파트타임으로 하루 8시간씩 공원 3개를 담당하며 청소를 하시는 76살 할아버지의 월급은 24쿡(600페소), 한화로 2만 7000원이다. 호세 마르티와 콤파이 세군도와 같은 유명한 사람들이 묻힌 공동묘지 관리자로 사무실에서 매일 7시간씩 일하시는 삼촌의 월급은 15쿡(345페소)으로 한화로는 약 1만 7000원, 74세의 할머니는 연금으로 매달 8쿡(200페소)을 받는다는 것이다.

이 같은 현실은 엔지니어와 의사를 제외한 다른 쿠바노들도 별반 다르지 않다고 한다. 평균 월급은 2만 원에서 2만 5000원 정도인 셈이다. 한국 기준으로 월급이 2만 원이라니. 단순히 화폐 기준으로만 보자면 내게는 정말 적응 안 되는 한 달 월급인 셈이다. 그렇다면 대체 내가 쿠바에서 보고 느끼고 심지어 부러워하기까지 했던 해맑던 웃음의 정체는 무엇이란 말인가?!

사실 두 달 동안 쿠바를 여행하면서 '무작위'로 들었던 사람들의 얘기들도 이와 크게 다르지 않았다. 한 집 건너 한 명은 망명을 가 있거나, 많은 젊은이들은 쿠바를 떠나고 싶어하고, 심지어 아이가 있는 젊은이들도 거의 자기 나라를 떠나고 싶어한다고 한다. 한 쿠바인의 말이 인상적이었다.

"우리가 바라는 건 거창한 게 아니야. 개인의 개성을 존중해주고 그의 능력에 맞게 지불하는 것. 그리고 정치적, 종교적, 감정적인 것에 대해 자유롭게 말할 수 있는 기본적인 권리를 갖는 거야. 그런데 이런 꿈같은 세상이 오려면 많은 시간이 필요하겠지."

산티아고 데 쿠바의 가장 번화가인 Calle Joaquin Castillo Duany. ⓒ 김선호

그나마 피델의 동생인 라울이 권력을 물려받으면서 많은 규제가 풀렸다며 희망적인 부분도 말하는 그는, 또 라울은 피델에 비해 개방에 대해서 적극적이어서 아마 미국과도 수교를 이루면 이 가난에서 좀 벗어날 수 있지 않을까 하는 내심 기대에 찬 눈빛으로 말했다.

2014년 12월 수교 단절 54년 만에 양국이 국교 정상화 선언을 하고, 곧 이어 미국 오바마 대통령이 직접 쿠바에 방문했다. 오바마 미국 대통령은 기자회견에서 "어떤 나라를 실패한 국가로 몰아붙이는 정책보다 개혁을 지지하고 독려하는 것이 더 낫다는 교훈을 어렵게 얻었다."고 밝히고, 미국의 쿠바 죽이기 일환인 오랜 봉쇄 정책이 실패했음을 솔직히 인정하기도 했다. 또한 라울 카스트로 쿠바 국가 평의회 의장은 "우리는 세련된 태도로 서로 다름과 공존하는 기술을 배워야 한다."면서 미국과 쿠바의 관계 개선에 대한 희망적인 메시지를 보내기도 했다. 이렇듯 1961년 쿠바에서 미국 대사관이 문을 닫고 다시 열기까지 반세기가 넘는 시간이 걸렸다.

그럼에도 불구하고, 여전히 미국과의 수교를 환영하는 쿠바인들이 있는 반면, 미국식 자본주의를 경계해야 한다고 말하는 이도 적지 않았다. 이들은 트리니다드나 주변 섬나라들이 어떻게 미국의 자본주의에 의해 침식되었는지 똑똑히 기억하고 있기 때문이다. 한 쿠바인 친구는 "미국은 단지 가난한 쿠바를 도와주려는 착한 천사가 절대 아니야. 그들은 어떻게 하든 우리를 집어 삼키려고 다시 달려들 테니까. 54년 만의 국교 정상화? 이건 단지 쿠바 봉쇄 작전이 실패해서 미국으로서도 어쩔 수 없는 선택일 뿐이지. 이제 그들은 '돈'을 이용해서 우리를 다시 정복하겠다는 것과 같아."

비록 많은 쿠바인들이 그들의 나라를 떠나서 더 나은 삶을 찾으려고 목숨을 걸고 바다를 건너고 있지만, 적어도 미국 망명에 성공한 많은 쿠바인들은 미국 생활이 그렇게 행복하지만은 않은 듯했다. 적어도 내가 만나본 쿠바인들은 그랬다. 언젠간 다시 돌아오고 싶어하고, 쿠바에서 살았던 시간들을 그리워하고, 이렇게 자기들이 사랑하는 나라를 떠나서 망명 생활을 할 수밖에 없다는 지금 현실을 안타까워한다. 과연 언제쯤 이들 쿠바인들에게도 그들의 나라가 파라다이스가 될까. 언제쯤 이들 쿠바인들에게 "나는 이 나라에서 행복해."라는 말을 들을 수 있을까.

그렇다면 이들이 찾는 행복은 과연 무엇일까? 쿠바에서 행복하지 않은 사람들의 원하는 '자유'를 가지고, 가장 최신의 고성능 핸드폰과 IT 기기를 소유하면서도 결코 행복하다고 '감히' 말하지 않는(우리는 헬조선이라고 부르니까!) 우리 한국 3포 세대들과 이들의 행복의 조건이 무엇인지 고민해 보기로 결심했다. 이제부터.

—플람보얀과 쿠바노스

최홍주

오직 쿠바에서만 볼 수 있는, 흑백 영화의 한 장면 같은 올드카.

딱 1년씩만 살아보고 싶은 도시가 세 곳이 있다: 샌프란시스코, 부에노스아이레스 그리고 아바나. 드디어 쿠바에 다녀올 기회가 생겼다. 비록 1년을 머무를 수는 없었지만.

쿠바 하면 흔히 체 게바라, 카스트로, 헤밍웨이, 올드카, 시가 등을 떠올린다. 내가 쿠바 여행의 기회를 놓치고 싶지 않았던 이유 중 하나는 제대로 된 모히토(Mojito)를, 헤밍웨이가 'Mi mojito en la Bodeguita(나의 모히토는 라 보데기타에 있다)'라고 했을 만큼 맛있다는 그곳의 모히토를, 아바나의 쏟아지는 햇살 아래서 마셔보고 싶었기 때문이다. 올드 아바나 투어 중 엠페라도르(Emperador) 거리 초입에서 저 멀리 라 보데기타 델 메디오(La Bodeguita del Medio)라는 간판을 본 순간, 나는 이번 여행의 목적을 달성했노라 생각하며 걸음을 재촉해 사람들 사이를 비집고 들어가 모히토를 주문했다. 쿠바산 럼주(그곳에서는 7년산 럼을 쓴다고 한다), 민트, 라임즙, 설탕의 환상적인 조합은 그 전에 그리고 그후에 마셨던 어떤 모히토와도 비교할 수 없었다.

아바나 시내에 들어서니 오직 쿠바에서만 볼 수 있는 장면들이 눈앞에 펼쳐진다. 도시 전체가 올드카 전시장을 방불케 하는데 낡은 건물들이 즐비한 거리들 사이로 광이 나도록 닦여진 올드카가 지나가는 모습을 회색빛으로 덮어버리면 흑백 영화의 한 장면이 될 것이다. 대부분 혁명 이전 미국이 쿠바를 지배할 당시 미국 부호들이 타고 다니다 남기고 간 자동차들이다. 주택가를 지나다 보면 마당에서 자신들의 차를 직접 정비하는 쿠바인들의 모습을 볼 수 있다. 종종 유럽, 한국산 차들이 올드카 옆을 지나가는데 뭔가 그곳과 어울리지 않았다. 멋이 없다고 하는 편이 낫겠다. 멋있기는 하지만 주의할 사항이 있다. 올드카들이 지나갈 때는 잠시 숨을 참아야 한다. 호흡기가 예민한 사람이라면 매연을 마시고 고생을 할 수도 있으니까.

여행의 큰 즐거움 가운데 하나는 여행지의 맛있는 음식을 맛보는 것이 아닐까. 하지만 쿠바의 음식에 대해서는 이미 익히 듣고 마음의 준비를 하고 갔다. 예상한 대로 MSG에 길들여진 한국 사람들의 입맛을 사로잡기에 쿠바 음식은 2% 부족했다. 하지만 쿠바의 식재료는 유기농이다. 1990년 초부터 미국의 경제봉쇄 조치가 강화된 후 식량의 많은 부분을 소련에 의지해 왔지만, 소련의 붕괴로 외부로부터의 지원이 끊어지게 되었기 때문에 쿠바는 전국 농가를 대상으로 유기농업 운동을 전개하여 친자연적 유기농업의 길로 들어섰다. 또한 대부분의 식재료는 그날그날 배급받은 양을 소진하기 때문에 신선하다는 이야기를 들었다. 그래서인지 쿠바의 음식은 재료 본연의 맛을 살려 자극적이지 않게 요리해 낸다. 매일 카사(Casa particular: 국가에서 허가한 민박집)에서 신선한 열대 과일과 유기농 밀가루로 만든 빵, 유기농 우유, 치즈, 커피 등으로 준비된 아침식사를 하는 호사를 누리고 왔다.

아바나의 또 다른 관광 명소인 말레콘 해변. 시차로 인해 몰려오는 피곤에도 불구하고 잠깐 틈을 내어 일행들과 말레콘을 거닐었다. 언젠가 잘생긴 배우가 광고를 촬영한 곳으로 한국 사람들에게도 잘 알려진 바닷가 길이다. 가이드 책에 나오는 설명에 따르면 대서양과 바로 마주한 도시를 지키기 위해 만들어진 도로이며 원래 이름은 아베니다 안토니오 마케오(Avenida Antonio Maceo)이지만 방파제라는 애칭 Malecón으로 불린다고 한다. 곳곳에 사랑을 속삭이는 연인들과 낚시를 하는 사람들이 쿠바의 여유를 느끼게 해주었다.

쿠바를 동경하는 사람들에게 그 이유에 대해 물으면 많은 이들이 쿠바의 음악과 춤을 꼽는다. 거리 곳곳에서 흘러나오는 살사, 손(Son), 룸바의 리듬과 그에 맞추어 자연스럽게 몸을 움직이는 사람들. 몸치인 내게 그 흥겨움에 동참할 수 없다는 현실은 조금 잔인하기까지 했다. 현란한 허리 움직임, 리듬에 맞춰 모터 달린 듯 왔다 갔다 하는 스텝, 흥겨운 손동작 등을 보고 있자면 아무래도 '타고 나는 것(lo que se lleva en la sangre)'이 아닐까 하는 생각이 든다. 쿠바의 리듬을 느낄 수 있는 곳은 많지만 얼마 전 쿠바에 다녀온 지인이 반드시 보아야 한다며 추천한 트로피카나(Tropicana) 나이트클럽의 공연을 놓칠 수는 없었다. 1939년 첫 공연을 시작으로 70년 넘게 중남미 최대의 카바레 쇼라는 명성을 이어오고 있다. 혁명 이전 미국 유명인들과 부호들이 이 쇼를 보기 위해 아바나로 전세기를 타고 올 정도로 한 시대를 풍미했다고 한다. 그 명성에 걸맞게 화려하게 치장한 늘씬하고 아름다운 무희들이 흥겨운 리듬에 맞추어 군무를 선보이는데 쉬지 않고 이어지는 무대에 눈을 뗄 수가 없다. 쿠바의 물가에 비하면

트로피카나 나이트클럽의 공연. ⓒ최홍주

조금 비싼 가격이지만 혁명 이전의 쿠바의 화려한 유흥 문화를
보고 싶다면 볼 만한 공연이다.

일정에 따라 트리니다드(Trinidad), 산타클라라(Santa Clara),
비날레스(Viñales)를 다녀왔다. 버스를 타고 고속도로, 국도 등
으로 이동을 하며 본 풍경들은 이국적이기 그지없었다. 고속도
로에 차가 거의 없다는 것과 왕복 6차선 고속도로를 무단횡단
하는 사람들, 느리게 갈 길 가는 마차, 끝없이 펼쳐진 사탕수수
밭, 야자수, 에메랄드 빛 바다…… 무엇보다도 도로변에서 흔히
볼 수 있는 광고판 대신 선명하게 적혀 있는 혁명 문구들이 인상
적이었다. 곳곳에서 불쑥 불쑥 나타나는 잘생긴 체 게바라의 얼
굴을 볼 때마다 내가 쿠바에 있음을 실감할 수 있었다. 쿠바에

도 변화의 바람이 조금씩 불고 있다. 자영업, 주택 매매, 해외여행 등이 자유화되었고 자영농업자들에 대한 제약도 완화되었다고 한다. 이런 개혁 조치들에 대해 쿠바 정부는 쿠바식 사회주의 경제의 현대화라고 설명하는데 이런 개방의 바람으로 머지않아 지금의 쿠바 모습은 많은 변화를 겪을 것이라 생각되니 조금 아쉽기도 하다.

　여행기를 쓰고 있는 지금 떠오르는 쿠바에 대한 잔상은 혀끝에 도는 모히토의 달콤쌉싸름한 맛과 그곳의 색(色)이다. 플람보얀(Flamboyant) 나무의 붉은색 꽃 그리고 동양인 관광객들의 카메라 앞에서 멋있게 포즈를 취해 주던 쿠바 사람들의 검은 피부. 도착한 다음날 아침 카사의 이층 테라스에서 망고가 주렁주렁 달린 나무를 마주한 순간부터 이미 열대의 식생이 선사하는 화려한 파노라마에 매료되었지만 가로수라기에는 너무도 아름다운 플람보얀의 붉은 꽃은 아바나의 낡은 도시 빛깔과 극명하게 대조되어 머무르는 내내 나의 마음을 설레게 했다. 여기저기를 뒤적이며 조사해 보니 붉은색 꽃이 흐드러지는 이 나무는 불꽃나무 또는 공작꽃이라고도 불리며 아프리카가 원산지라고 한다. 라틴아메리카의 여러 나라를 여행한 사람들에게는 익숙한 색일지도 모르겠으나 내게는 너무 매력적인 그래서 가장 인상 깊은 쿠바의 색으로 남는다.

　세계 웬만한 곳은 다 다녀보았다는 여행객들에게도 쿠바는 호불호가 분명하게 드러나는 여행지일 수 있다. 관광 인프라가 잘 구축이 된 것도, 전 세계적으로 유명한 유적지가 많은 곳도,

쇼핑이나 맛있는 음식을 즐길 수 있는 곳도 아니기 때문이다. 하지만 서양의 마지막 사회주의 국가에 사는 사람들과 그곳의 생활을 엿보기 위함이라면 쿠바는 충분히 매력적인 곳임에 틀림없다. 여행지의 언어를 구사할 수 있다는 것은 많은 이점이 있다. 물건을 사고 음식을 주문하는 데 어려움이 덜 하다는 것 외에도 현지 사람들과 이야기를 나눌 수 있다는 것은 여행지를 느끼는 데 아주 중요하다. 일행들과 다니며 틈틈이 현지 운전기사, 가이드 그리고 카사의 메이드들과 나눈 대화들에서 쿠바 사람들의 순수함을 느낄 수 있었다. 물론 짧은 만남, 대화에서 섣불리 끄집어낸 감성적인 이미지이거나 지나친 일반화일 수도 있다. 하지만 이방인들이 들이대는 카메라에 환하게 웃으며 포즈를 취해 주거나 가까이 다가가 아기의 얼굴을 만져도 싫은 내색하지 않고 아기를 안아보게 하는 것은 내게 쿠바 사람들에 대한 여러 생각을 하게 했다. 사회주의 체제의 쿠바노스(los cubanos)들은 '봉인 해제' 상태라는 생각. 다시 쿠바에 가면 좀 더 오랜 시간 머무르며 그들의 삶 속으로 들어가 많은 이야기를 나누고 싶다.

—쿠바, 이중적 화폐 경제의 맛을 보다

박종욱

쿠바 아바나의 오래된 건축물 벽면에 그려진 체 게바라의 초상.

쿠바의 화폐는 이중적이다. 이중적인 화폐의 쓰임은 쿠바 경제가 얼마나 이중적일 수밖에 없는가, 그 한계 상황을 대변하는 지표가 되기도 한다. 재미있는 것은 이러한 지표가 쿠바의 경제와 혁명의 성과까지 가름하는 외부의 시선이 될 수 있다는 점이다. 여러 척도 가운데 드러난 극히 일부로 전체를 간파할 수는 없는 일이다. 하지만, 이중 화폐 제도는 외부인들, 특히 관광객들에게 드러나는 쿠바의 극단적인 얼굴인 것은 분명하다.

많은 관광 서적이나 인터넷 블로그에서도 적극적으로 추천하고 있듯, 필자 또한 쿠바 여행을 위해 사전에 캐나다 달러를 준비하였다. 일전에 유럽을 여행하면서 조금 남겨두었던 유로화가 있었으나, 쿠바의 실물 경제의 위력을 체감할 수 없었던 필자로서는 여유분을 챙길 수밖에 없었기 때문이다. 유럽을 제외하고는 미국 달러가 특별한 문제가 없이 통용되는 것과는 대조적으로 쿠바에서는 미국 달러에 10%의 페널티가 붙는다. 결국 10%의 평가절하 효과가 있기 때문에 미국 관광객들조차 캐나다 달러나 유로로 환전을 하는 것이 대세이다. 미국 달러보다는 멕시코 페소가 오히려 힘이 있으며, 통용성이 더욱 활발하다는 실정은 미국의 자존심을 향한 상징적인 도전이다.

미국 앞마당의 작은 섬나라 쿠바는 1962년 미사일 위기 이후 여전히 미국의 신경을 자극하고 있다. 일방적인 경제 봉쇄가 쿠

체 게바라의 모습으로 분장한 쿠바인. ⓒ박종욱

바의 경제를 극도로 위축시킬 뿐 아니라, 국가 기간산업의 구조
까지 변화시키는 것을 감안한다면, 쿠바의 태도는 안쓰러운 몸
부림이다. 외화는 필요해도, 그 우선 대상이 미국의 달러가 아니
라는 전략적 연출인 것이다. 쿠바는 신발 속의 돌처럼 미국의 입
장에서는 여간 신경 쓰이는 게 아니다. 하지만, 그뿐이다.

문제는 경쟁력이 있는 외화로 환전을 했다고 해서 끝나는 것
이 아니라는 점이다. 쿠바는 인민화폐인 CUP(Peso Cubano 혹은
Moneda Nacional)을 기본적으로 사용하지만, 대외 통상화폐를 위
해 외국인전용화폐인 CUC(Peso Cubano Convertible)을 사용한다.
외국인들이 캐나다 달러를 갖고 있든 유로를 갖고 있든, 일단 국
영 환전소인 CADECA에서 CUC이나 CUP으로 환전을 해야만

한다. 생각보다 외국 돈을 직접 교환하는 가게나 상점이 드물기 때문이다. 공식적으로 1CUC이 1미국 달러이지만, 실질적으로 미국 달러에 10%의 페널티가 붙는 것을 감안한다면, 1CUC은 1.1달러 정도라고 보아야 할 것이다. 1CUP은 쿠바 경제의 정도에 따라 유동적이다. 2010년 현재 1CUC은 24CUP 정도이다.

쿠바에 도착한 관광객의 입장에서는 CUC과 CUP의 환전 비율을 생각하면서, 고민에 빠진다. 외국인 전용 화폐인 CUC을 주로 바꿔야 하지만, 거리 군것질이나 가벼운 식음료 및 대중식당에서는 CUP을 얼마든지 사용할 수 있기 때문이다. 그냥 바꾸면 되지, 뭐가 문제냐고? 1CUC이 24CUP이라는 현실을 체감할 수만 있다면, 누구든 고민에 빠지지 않을 것이다. CUC과 CUP의 구분은 경험하기 전까지는 그저 숫자에 불과할 수도 있다. 그렇다면, 실물경제의 맛을 보면 어떨까. 아바나의 거리에는 많은 가게들이 있다. 편의점이나 대형마트까지 있는 것을 확인하면, 대부분의 관광객들은 상식으로 짐작했던 쿠바의 실물경제에 대한 정보가 정확한 것은 아니었음을 알아차리게 된다. 아무튼, 이 글을 읽은 독자께서 무더위를 식힐 아이스크림을 한 개 먹는다 생각해 보자. CUC이 통용되는 한가하고 상대적으로 '럭셔리'한 가게에서는 대부분 1CUC을 지불해야 한다. 1250원가량이다. 결코 싸지 않은 가격이다. 이번에는 CUP이 사용되는 가게에 들러보자. 일단, 줄을 서야 될 것이다. 상점의 유명도에 따른 것이 아니라, 그냥 주문을 하기 위해 줄을 서야 한다는 사실을 깨달으면서, 당신은 사회주의 국가에 와 있음을 실감하게 된다. 짧게는 5분에서 길게는 20분가량 줄을 서 있다가, 소프트아이스크림을

CUC과 CUP은 지폐뿐 아니라, 동전까지 갖춰진 독립적인 화폐이다.

주문하면서 1CUP을 지불한다. 우리 돈으로 약 50원 정도이다. 필자는 운이 좋아서, 5분가량을 기다렸다가 1200원가량을 절약했다. 절약된 금액보다는 이원화된 화폐 제도에 따른 실물경제를 실감했다는 사실이 더욱 기뻤다. 아니, 그 반대였을까. 아바나 거리를 걷다 보면, 고색창연한 식민 시대의 건물들 모퉁이 가게마다 길게 늘어서 있는 줄을 쉽게 발견하게 된다. 줄의 맨 뒤에 있던 아가씨에게 물어봤더니 치즈피자를 사려는 줄인데, 절대 후회하지 않을 것이란다. 해서, 줄의 대열에 합류했다. 그런데, 이번에는 제법 길어져서, 15분가량을 서 있어야 했다. 기다린 보람이 있었다. 모차렐라 치즈는 아니었지만, 진하고 고소한 향의 치즈가 듬뿍 든 피자를 역시 50원에 구입하였다. 아무래도 열대지방이라서 그랬는지, 간이 조금 짜게 느껴졌다. 맛있게 피자를 먹어치운 뒤, 시력은 시원찮아도 필요한 것은 찾아내는 두 눈으로 줄이 늘어서 있는 식료품 가게를 탐색했다. 빙고. 이번에도 멀지 않은 곳에서 식료품 가게를 찾았고, 인민화폐로 생수를 살 수 있었다. 물론, 필자처럼 줄을 서지 않고, 넓은 매장에서 편안하게 물건을 고르는 쇼핑을 하고 싶다면, CUC을 사용하는 매장을 들어가면 그뿐이다. CUC을 위주로 관광을 한다면, 쿠바는 결코 물가가 싼 관광지는 아니다. 하지만, 적절하게 CUC과 CUP을 사용한다면, 쿠바의 물가는 여전히 매력적이다. 필자가 체감했던 이중 화폐 제도는 쿠바인들에게도 적용되는 것이었으며, 관광업에 종사하면서 외화나 CUC으로 팁을 받을 수 있는 쿠바인들은 일반 노동자들에 비해 훨씬 높은 수입을 얻을 기회를 갖게 되고, 그렇게 모은 CUC으로 외국산 TV나 가전제품을 구입하게 된다. 하지만, 시장경제에 노출되지 않은 대부분의 쿠바인들에게 CUC이 통용되는 화려한 상점의 물건들은 그림의 떡일 수밖에 없다.

국영 커피숍에서 50원으로 마시는 쿠바 에스프레소 커피의 맛은 저렴함이라는 매력 이외에도, 현지인들과 어깨를 나란히 하고 바에 기대어 차례를 기다리는 동안 나누었던 사소한 담소의 기회까지 덤으로 얻게 해주었다. 모두 남자들인 종업원들은 10여개의 커피 잔 세트만으로 서빙을 하고 있다. 열 명이 커피를 마시면, 다른 사람들은 그냥 기다리면 된다. 그렇다고, 뒷사람들 눈치를 보면서 뜨거운 커피를 원샷에 털어넣지는 않는다. 약간의 여유, 그리고 조금씩의 배려는 10여 개의 잔 세트보다 두 배는 많은 손님들이 불쾌하지 않은 시간을 보낼 수 있게 해준다. 필자에게는 흥겨운 추억이다. 다양한 계층의 사람들과 아무렇지도 않게 팔꿈치를 스치며 바에 기대어 시간을 보낸다는 것은 생각보다 낭만적이었다.

그런데, 문제는 열흘도 되지 않는 기간 동안 사용할 요량으로 환전했던 CUP의 액수가 실제 거리에서 사용하기에는 너무도 큰 액수였다는 점이었다. 2만 원가량은 충분히 사용하게 될 것으로 예상했던 CUP의 사용은 열흘이 되어도 줄지 않았고, 결국 CADECA에서 다시 캐나다 달러로 환전을 해야만 했다. 인민 화폐와 외국인 전용 화폐의 이중 화폐 제도는 계산기를 통해 숙지했던 필자의 생각을 뛰어넘는 것이었다. 이중 화폐의 쿠바는 쿠바 경제가 지닌 두 얼굴에 대한 실증적이고 흥미로웠던 체험이다.

—생태 관광의 보고, 중남미

김우중

볼리비아, 칠레 북부 안데스 산중의 홍학(플라밍고).

멕시코의 마드레 산맥과 남미의 안데스 산맥 등 아메리카 대륙을 북에서 남으로 관통하는 등뼈 모양의 높은 산맥군으로 인해 중남미 각 지역의 기후는 해발 고도에 따라 변화무쌍하다. 외투를 입고서도 벌벌 떨어야 하는 이른 새벽의 고지대를 출발하여 꼬불길을 따라 계속 내려가다 보면 가을 풍경과 봄 내음을 접하다가, 저녁 늦게 서쪽 태평양 연안이나 동쪽 아마존 유역에 도착할 즈음에는 야자수 우거진 열대지방의 여름이 펼쳐진다. 같은 나라 안에서 한 나절 사이에 4계절을 다 경험하는 셈이다. 내려가면서 종류가 바뀌는 나무와 꽃은 물론이고, 점점 밝아지는 사람들의 옷차림과 표정 또한 여행객의 호기심을 자극한다. 위도와 고도가 다양하니 특히 중남미는 다른 대륙에 비해 훨씬 다양한 생태계와 종을 보유하고 있으며, 면적 대비 동물 종류와 개체수가 많은 지역이 곳곳에 산재해 있다.

　　이런 면에서 중남미뿐 아니라 세계적으로 생태 관광의 선진 모범 국가는 파나마 북쪽에 인접한 코스타리카다. 남한 면적의 반밖에 안 되고, 한나절에 태평양과 대서양을 다 다녀올 수 있을 정도로 작은 나라이지만 전 세계 동·식물종의 4%가 서식하고 있고, 1만제곱킬로미터당 종별 수치가 615로 세계 1위이다. 곤충이 3만 5천 종이고, 3천 종 이상의 나무를 포함한 식물종이 1만 5천에, 나비 한 가지만도 1천 종이 넘는다고 한다. 따라서

코스타리카 바다 위를 나는 바다새. 세계적으로 생태관광의 선진 모범 국가는 파나마 북쪽에 인접한 코스타리카이다.

이 나라는 환경 보호에 온 정성을 쏟고 있으며, 전 국토의 25% 가 국립공원 및 생태보전 지역이다. 이 나라에는 어디에 가나 새를 관찰하기 위해 망원경을 들고 다니는 관광객을 많이 볼 수 있다. 그 종류가 850종에, 저 멀리 알래스카나 호주에서 날아오는 철새만도 200종이 넘는다니, 새 관찰에는 가히 세계에서 으뜸가는 최적지다. 이 지역은 300만 년 전에 바다가 상승하여 형성된 곳으로 남미와 북미를 연결하는 가교 역할을 하면서 양 대륙의 생태계가 혼합되었고, 열대우림, 조밀한 삼림, 강줄기와 늪 같은 갖가지 습생지가 밀집하여 잘 발달되었기 때문이다.

페루는 마추피추로 대표되는 잉카제국의 이미지가 강해서 보통 안데스 산악 국가로 알려져 있지만, 실은 아마존 유역이 전

바닷새와 바다표범. 페루의 바예스타섬, 아르헨티나의 발데스 반도와 우슈아이아의 앞 바다. 칠레 남쪽의 발디비아 인근 지역 등에서 이들의 서식처를 쉽게 볼 수 있다. ⓒ 김우중

국토의 60%를 차지할 정도로 또 다른 생태계의 보고다. 게다가 한류와 난류가 만나는 태평양과 건조한 사막 지대까지 끼고 있으니 다양한 동식물의 서식지로는 그만이다. 숨쉬기 어려울 정도로 높은 볼리비아 안데스 지역에는 라마나 알파카 같은 털 많은 짐승만 있을 것 같은데, 간간이 고지대 소금호수에는 붉은빛이 고운 플라밍고가 눈에 띈다. 쉽지는 않으나 때를 잘 맞추어 가면 홍학의 군무를 볼 수 있다.

　해안 도시인 리마로 내려와 버스를 타고 남쪽으로 가면 피스코라는 작은 도시가 나온다. 여기서 보트를 타고 1시간 가면 바예스타 섬이 나타난다. 에콰도르의 갈라파고스 섬까지 비용 문제로 갈 수 없는 여행객에게 '작은 갈라파고스'로서 대리 만족

할 수 있는 곳이다. 여기저기 기암괴석 한켠에 무리지어 쉬고 있는 바다표범이나 훔볼트 펭귄, 수직 다이빙하는 펠리컨도 볼 만하지만 수십만 마리는 됨직한 가마우지 같은 바닷새들의 비상(飛上)은 정말 장관이다. 그 수많은 새들이 하늘을 뒤덮고, 먹이를 찾아 바다 표면과 평행으로 수 킬로미터는 됨직한 행렬을 이루어 날아가는 옆으로 모터보트를 타고 함께 내달릴 때 느끼는 짜릿함은 다른 어디서도 맛볼 수 없는 경험이다.

세계에서 가장 풍부한 물과 나무가 있다는 아마존은 '생태계의 보물창고'답게 지구에서 가장 오래된 동물, 제일 큰 파충류와 곤충이 전부 여기에 있다. 아마존 탐방은 브라질이나 페루뿐아니라 에콰도르 동부, 콜롬비아 남부, 볼리비아 북부 지역을 기점으로 해서도 출발할 수 있는데 볼거리는 열대 숲과 야자열매, 원숭이, 악어, 독거미, 앵무새, 열대어 등 타잔 영화에 나오는 그런 종류로 대체로 비슷비슷하다. 밤낮없이 출몰하는 모기가 성가시기는 하지만, 한밤중에 가이드를 따라 숲속 길을 거닐 때 마주치는 야행성 동물의 반짝이는 눈빛은 나의 마음을 꿰뚫어보는 것 같다. 숲속 행진을 마친 후, 그물 침대에 누워 밤하늘의 쏟아지는 별빛에 젖노라면 인간의 다툼이 왜 부질없는 것인지를 절실히 깨닫게 된다. 그곳을 벗어나면 다시 덧없는 탐욕이 생기니 문제이기는 하지만…… 아마존을 벗어나 다시 비행기에 오른다. 창밖을 보니 하늘이 땅 같고, 저 아래 아마존 밀림이 구름 같다. 그래서 영어로 '구름숲(Cloud Forest)'이란 말을 쓰나 보다. 눈 덮인 안데스 고봉 위를 날아 넘어가다 보니 산줄기는 점점 약

남극의 혹한을 피해 매년 5~6월부터 아르헨티나 발데스 반도로 이동해 6개월 정도 살다 돌아
간다. 1500마리 정도가 되며 이 고래들의 새끼 보호는 끔찍하다고 한다.

해지고 어느덧 끝없는 초원이 펼쳐진다. 버스로 갈아타고 아르
헨티나 남쪽으로 이틀 밤을 달려도 황량한 스텝이 이어진다. 바
람 세고, 건조한 이곳에는 양 떼 이외에는 아무도 살 것 같지 않
건만, 대서양 쪽으로 조그맣게 달려 있는 발데스 반도 인근 마을
에 당도하니 단체 관광 안내 간판이 빼곡하다. 푸에르토 마드린
이라는 조그만 도시로 유네스코의 세계 인류 자연유산 목록에
도 올라 있는 세계적인 해양동물 서식지인 발데스 반도로 가는
전진 기지이다.

투어버스를 타고 반도 안에 들어서니 구아나코 사슴 무리가
눈에 띈다. 투어 보트에 올라 고래 관찰에 나선다. 멕시코의 바

비글 해협의 마젤란 펭귄. 펭귄은 남극에만 있는 것이 아니다. 매해 10월에서 이듬해 3월까지 아르헨티나 및 칠레 남쪽 연안에 몰려온다. 남극 펭귄과는 달리 땅에 굴을 파고 산다.

하캘리포니아에서도 같은 유형의 투어를 한 적이 있으나, 때를 잘 맞춘 탓인지 이곳에는 유달리 고래가 많다. 점프하는 녀석, 잠수하며 멋진 꼬리를 자랑하는 녀석, 새끼를 옆에 끼고 유영하는 엄마 고래 등 원 없이 고래 구경을 한다.

해안도로를 따라 점점이 있는 전망대에서는 바다표범이 무리지어 쉬고 있는 모습을 잘 볼 수 있다. 마젤란 펭귄은 10월부터는 추위를 피해 북쪽으로 갔던 놈들이 남하하여 이 일대에 수만 마리씩 진을 친다. 최남단 비글 해협이나, 칠레 남쪽에서도 이런 무리를 볼 수 있다.

멕시코 미초아칸 주에 서식하는 모나르카 나비 관광은 고생

길이다. 나비의 생태 보호를 위해 포장을 하지 않은 산길을 버스가 아닌 트럭 적재함에 올라서서 한참 올라가는데다, 주차장에 내려 2시간은 흙먼지 길을 누비며 나비 구경을 해야 하기 때문이다. 마스크를 써도 들어오는 먼지에 목이 칼칼하다. 하지만 물 먹으러 전나무숲에서 땅으로 내려오는 나비 무리를 보노라면 그런 정도의 고생은 쉽게 잊힌다. 이 지역은 나무숲이 아니라 나비숲이라 해야 맞다. 1억 마리나 된다는 나비 무게를 못 이겨 나뭇가지가 휘어지고 부러지기도 한다.

제2부

여러 겹의
시간을 걷다

중남미 역사 도시 기행

___크라이 훠 미 알젠티나: 부에노스아이레스 단상

서성철

열정적인 탱고 춤을 추고 있는 노년의 커플.

아르헨티나에 간다고 하면 걱정이 늘 앞선다. 특별한 이유가 있어서가 아니라 너무 멀기 때문이다. 이제까지 이 나라에 한 예닐곱 번 왔다 갔다 했나? 갈 때마다 이 장거리 여행을 어떻게 견딜까 미리 마음을 다진다. 파리에 들러서 가건, LA나 뉴욕에 들러서 가건, 최근 노선이 개설된 두바이를 통해서 가건 비행기 타는 시간만 족히 27시간 걸린다. 거기다 중간에 비행기 기다리고 갈아타는 시간까지 포함해 36시간도 걸린 적이 있었다. 2008년에 이 나라를 떠났다 다시 가는 셈이니 꼭 3년 반 만이다. 어차피 관광객으로 가는 것도 아니니 설렐 것도 없고 게다가 이 나라에서 한 3년 정도 살았으니 특별히 찍어서 가볼 만한 곳도 없다.

부에노스아이레스 에세이사 공항에서 시내로 들어오는 초입인, 세계에서 도로 폭이 가장 넓다는 '누에베 데 훌리오(7월 9일, 9 de Julio)' 거리로 들어오면서 제일 먼저 본 것은 전신국 건물에 걸려 있는 에바 페론(María Eva Duarte de Perón)의 대형 실루엣이었다. 나중에 알게 되었지만 에바 페론의 대형 초상화도 부에노스아이레스 중요 건물 곳곳에 걸려 있었다. 에바 페론뿐이랴! 거리나 벽에는 에바 페론과 크리스티나 페르난데스(Cristina Elisabet Fernández de Kirchner) 현 대통령이 서로 미모를 자랑이라도 하는 듯, '민중 속의 삶(Vivir en el pueblo)'이라는 구호와 함께 두 사람이 함께 그려진 포스터가 여기저기 붙어 있었다. 그동안 레콜레타의 묘지에 조용히 누워서 뭇사람들의 추앙을 받던 에바 페론은 페론주의자인 크리스티나에 의해 다시 부활되어 도시 곳곳에서 미소를 짓고 있었다.

세상사 돌아가는 것은 택시 기사에게 물어보라고, 택시만 타면 그들에게 요즈음 경기가 어떠냐 하고 물어보고는 했다. 그런데 그들로부터 매번 듣는 것은, 물가가 오르기는 했지만 수입은 이전보다 좋아졌다는 대답이었다. 택시 기사뿐 아니라, 구멍가게 주인, 카페 웨이터, 포장마차에서 살치촌(Salchichon) 파는 사람 등, 서민들한테 경제 돌아가는 것을 물어보면 의외로 긍정적이어서 놀랐다. 아마도 크리스티나 정부 초기, 서민층을 위한 보조금(subsidio) 정책이 이들에게 물질적 혜택을 준 것만은 틀림없다. 물론 지금 그 보조금 정책은 폐지됐지만. 그러나 좀 있거나, 중산층 정도의 사람들한테 크리스티나에 대해 물어보면 한결같이 손을 내저으면서 정색을 하거나 악담 일색이다. 그들의 한결같은 말은, 가난한 사람들한테 돈 뿌려서 지지받는다는 것이다. 그리고 유치하기는 하지만 가난한 사람을 위한다는 사람이 값비싼 보석이나 명품 옷으로 치장하고 그런 것에 관심을 쏟는 사람이 무슨 가난한 사람을 대변하냐는 불만이었다. 사실 크리스티나 페르난데스 대통령이 성형을 많이 해서 얼굴이 망가져 화장을 짙게 하고, 유럽에 갈 때마다 백화점에 들러 비싼 쇼핑을 한다는 말들은 나도 많이 듣던 이야기였다. 부에노스아이레스의 유명한 '카페 토르토니(Cafe Tortoni)'에서 커피 한 잔 마시면서 우연히 《클라린(Clarin)》지를 펼쳐보게 되었는데 거기서 아르헨티나 공직자 중에서 크리스티나 대통령의 재산이 재임 기간

부에노스아이레스의 유명한 카페 토르토니.

중 제일 많이 불어났다는 기사를 읽었던 기억이 난다(지금 크리스티나 행정부는 유대계 자본으로 구성된 아르헨티나 제1의 언론 재벌인《클라린》지를 폐합시키는 중에 있다).

크리스티나 대통령의 서민을 위한 경제 정책이 주효한 것인지 아니면 포퓰리즘(populism)인지, 아무튼 서민들한테 혜택이 돌아간다는 것은 나쁜 일은 아니다. 그러나 결과야 어떻든 페론 대통령 시절에는 선심성 퍼주기가 있었더라도 최소한의 일자리를 제공하는 사회복지주의를 실천했었다. 그러나 현 정부가 에너지, 교통 및 복지 등에서 취한 엄청난 보조금 정책은 국민들로부터 지지를 받았겠지만 지금은 그것이 이 나라를 파산 일보 직전으로 몰아가고 있다.

경제는 꼭 통계나 정세 보고를 따져서 아는 것이 아니다. 나는 이곳에서 한 이 주간 머물면서, 아 여기 삶도 이전 같지 않네, 아주 강팍해졌구나 하는 걸 공항 도착하면서부터 피부로 느꼈었다. 주의사항 하나. 부에노스아이레스에서 택시 탈 때, 특히 어두운 밤에는 조심하는 것이 좋다. 거스름돈으로 위조지폐를 받을지 모른다. 그리고 공항에서 택시 탈 때는 공항 안에 있는 택시회사의 지정된 택시를 타는 것이 좋다. 공항 밖의 택시는 조금(아주 많이도 아니고) 쌀지는 모르나 영악한 친구들한테 당하는 수가 있다. 공항에서 시내까지는 어떤 택시라도 미터 요금으로 따진다. 먼저 기사와 가격 흥정을 하고 맞으면 택시 요금을 선불하는데, 이 친구들이 100페소 지폐를 받고도 순식간에 감춰 둔 10페소 지폐를 보여주면서 10페소 지폐를 잘못 주었으니 다시 달라는 속임수를 쓰기 때문이다. 자칭 중남미 좀 안다고 하는 내가 그들한테 두 번씩이나 영락없이 당했던 것이다. 2004년, 아르헨티나에 처음 갔을 때, 택시 기사들이 센타보까지 정확하게 계산한 거스름돈을 주고 게다가 영수증까지 주는 것을 보고 중남미를 아는 사람들한테 여긴 달라, 그래도 유럽애들 후손이라 자존심이 있어서 멕시코처럼 택시 요금 가지고 장난은 안 치거든 하면서 칭찬했던 것이 바로 7, 8년 전인데 이전 상황은 아니었다. 또 하나 놀란 건 무엇보다도 물가였다. 식당에 가서 음식을 먹건, 택시를 타건, 뭘 사건, 버릇처럼 이전의 값과 비교를 했던 것은 너무도 많이 물가가 올랐기 때문이었다. 그리고 어디 가나 쓰레기는 왜 그리도 많은지! 중남미에 살다 보면 쓰레기는 금세 익숙해지지만 부에노스아이레스는 이전과 비교해 너무도

에바 페론과 크리스티나 페르난데스 대통령의 초상. 페론주의자인 크리스티나 페르난데스 대통령에 의해 조용한 레콜레타 묘지에서 부활되어 도시 곳곳에서 미소를 짓고 있다. ⓒ 서성철

더러워지고 정도도 더 심해진 것처럼 느꼈다. 한 지하철역의 레일 위에 흥건히 고인 더러운 물, 그 위로 버려진 쓰레기들은 얼마나 오래된 것인지 알 수 없다. 이전에도 있었는데 그때는 내가 못 본 건가! 그리고 건물이건, 대문이건, 벽이건 여기저기에 그려진 이 보기 흉한 낙서들(graffitis)은 도대체 언제부터 이렇게 늘어난 건지! 부에노스아이레스를 찾는 사람이면 꼭 가보게 되는 관광지인 산텔모 지역도 중심부를 조금만 벗어나면 여기저기 보도블록도 깨져 있고, 주위 건물들이나 집들도 오래 보수를 안 해서인지 흉물스럽고 우범지대처럼 보인다. 을씨년스러운, 게다가 비 오는 아르헨티나 겨울이라 더 그렇게 느꼈던 걸까? 아르헨티나 팜파스는 그 광대한 초원으로 인해 늘 감탄의 대상

누에베 데 훌리오 남쪽, 서울로 치면 명동이라 할 수 있는 유명한 소비 거리인 플로리다 거리가 있다. 여기서도 구걸하는 사람들, 노숙하는 사람들이 도처에 보인다.

이었는데 버스창 너머로 보이는 휴지들, 플라스틱 봉지 등 갖가지 쓰레기들이 초록색 들판 위에 널려 있는 모습을 보면서 지금 아르헨티나는 국민의식이 문제가 아니라 이 나라의 전반적 시스템이 안 돌아가는 것은 아닌가라는 생각이 들었다. '누에베 데 훌리오' 남쪽에, 서울로 치면 명동이라 할, 유명한 소비 거리인 플로리다 거리가 있다. 고풍스러운 건물에 옷가게, 갤러리, 레스토랑, 그리고 은은하면서 현란한 유럽풍의 조명, 반들거리는 하얀 포석, 그 위로 멋들어지게 차려입은 사람들이 활기차게 걷는 모습은 예전과 다름없지만 거리 한가운데서는 대여섯 명의 젊은 친구들이 관광객을 상대로 달러 호객 행위를 한다. 아르헨티나 정부가 외환 거래를 규제하자 다시 아르헨티나에서 암

달러가 성행한 것이다. 공식 환율로 1달러는 4.3페소지만 암달러상들은 6페소, 더는 6.5페소까지 바꿔준다. 그리고 외국 관광객을 위해서 늘 깨끗하게 청소하고 통제되었던 이곳에도 구걸하는 사람들, 노숙하는 사람들이 도처에 보인다. 아르헨티나에서 버려진 쓰레기를 뒤져서 거기서 폐품을 찾아 생활하는 사람들은 이전부터 있었다. 그러나 이런 광경은 적어도 부유한 사람들이 많이 사는 알베아르 지구에서는 전혀 볼 수 없는 것이었다.

이미 아르헨티나의 신용등급은 5단계나 강등되었고 높은 인플레이션 및 실업률, 수입 억제 정책으로 인한 수출의 감소, 국가 재정의 바닥, 신용 불량 사태까지 겹쳤다. 아르헨티나가 계속 이 지경으로 간다면 2000년대 초기에 일어난 디폴트 사태가 다시 닥칠지도 모른다고 전문가들은 경고한다. 이미 당시 유명했던 냄비 시위도 다시 재현되고 있다. 그런데 이런 상황 속에서 2011년부터 아르헨티나에서 말비나스(포클랜드)에 대한 영토 문제가 다시 제기되고 있다. 그동안 잠잠했던 이 문제에 대해 아르헨티나가 갑자기 영유권을 주장하는 데에는 경제 실패로 인한 국민들의 불만을 해소하고 정부에 반대하는 여론을 잠재우기 위해서 이전 아르헨티나 군사 독재 정부가 그랬던 것처럼 국내 불안을 국외로 돌리기 위한 현 크리스티나 페르난데스 대통령의 숨은 의도가 있다. 부에노스아이레스 공항 한편 공간에 말비나스 전쟁 30주년을 기념하여 여러 전시물들이 설치되어 있다. 그중에는 그 전쟁에서 죽은 병사들의 이름을 죽 나열해 놓은 현판이 있다. 인권 탄압과 경제 실정을 호도하기 위해 아르헨티나 군사정부가 무모하게 일으킨 전쟁에서 무고하게 희생된

에바 페론의 동상. 무덤에서 뛰쳐나와 지금 아르헨티나 상황을 보면, '돈 크라이'가 아니라 '크라이 휘 미 알젠티나'라고 할지 모른다.

병사들. 그들의 주검을 밟고 만들어진 애국심으로 표류하는 아르헨티나가 구해질 수 있을까? 다시 한 번 에바 페론과 크리스티나 페르난데스 두 여성이 그려진 포스터가 오버랩되어 온다. 아마도 이것은 페론 시대의 '벨 에포크(Belle Époque)'를 상기시키려는 의도였겠지만 사람이 추억만으로는 살 수 없고 유령이 세상을 구할 수는 없다. 만약 에바 페론이 무덤에서 뛰쳐나와 지금의 아르헨티나 상황을 본다면 '돈 크라이'가 아니라 '크라이 휘 미 알젠티나'라고 할지 모르겠다.

＿식민 시기 이야기를 담고 있는 역사 도시: 브라질 쿠리치바

구경모

쿠리치바의 관광 명소를 안내해 주는 사진들이 그득하다.

브라질 파라나 주의 주도인 쿠리치바(Curitiba)는 녹지 공간과 쓰레기 분리수거 시스템 등을 통해 국내에서 친환경 도시로 널리 알려져 있다. 지금은 뜸해졌지만, 몇 년 전까지만 하더라도 쿠리치바는 국내 공무원들이 반드시 탐방해야 할 도시 중의 하나였으며, 쿠리치바의 버스 시스템은 서울시에서 벤치마킹할 정도였다. 쿠리치바에 도착했을 때, 다른 라틴아메리카와 사뭇 다른 도시 경관은 국내에서 이 도시의 시스템을 배우러 왜 이 먼 곳까지 왔는지 이해할 수 있는 대목이었다.

　　쿠리치바는 미래적이며 현대적인 도시 이미지로 회자되고 있는 만큼이나 과거도 흥미롭다.

　　숙소 바로 옆의 치라덴치스 광장(Praça Tiradentes) 유리 아래 보존된 돌로 만든 식민 시기의 도로를 눈으로 보면서 걸었던 경험은 이 도시가 과거와 긴밀히 호흡하고 있다는 것을 느끼게 했다. 식민 시기 스페인과 포르투갈 정복자들의 치열한 경쟁지 혹은 예수회 선교사들이 만든 과라니 공동체였던 레둑시온(reducíon)이 있던 역사 공간으로서 쿠리치바를 바라보는 사람들은 드물다. 쿠리치바의 과거를 살피기 위해 광장 인근의 파라넨세 박물관으로 발길을 옮겼는데, 박물관에는 원주민과 마테차 산업의 역사 등 파라나 주를 대표하는 흥미진진한 문화유산으로 가득하였다.

쿠리치바의 미래적이며 현대적인 도시 이미지.

　그중에서 특별히 관심을 끈 것은 식민 시기 스페인 정복자
와 포르투갈 정복자의 대립이 고스란히 드러나는 비야리카(Villa
Rica)라 불렸던 도시와 관련된 유물이었다. 파라나 주에는 포르
투갈 정복자들이 쿠리치바(1693)를 건설하기 전까지 스페인 정
복자과 예수회 선교사들이 개척한 도시와 마을이 빽빽이 들어
서 있었다.

　이 시기에 파라나 주는 스페인령으로서 과이라 지방(Provincia
del Guairá)으로 불렸다. 파라나 주의 동쪽 너머에는 스페인
과 포르투갈의 통치 경계의 기준인 토르데시야스 선(línea de
Tordesillas)이 위치하고 있었다. 이런 연유로 파라나 주는 스페인
령 최전선 지역으로서 포르투갈 정복자들을 경계하기 위한 도

쿠리치바의 탕구아 공원.

시들이 건설되었고, 그중 하나가 비야리카였다.

비야리카는 포르투갈 정복자들인 반데이란테(ban-deirante)들에게 쫓겨 7번이나 서쪽으로 이주한 끝에 현재 파라과이 동부 지역 중앙에 자리를 잡았다. 반데이란테들은 파라나 주의 과라니 원주민을 잡아 노예로 팔기 위해 수시로 스페인 영토를 넘나들었는데, 이 지역을 배경으로 만든 영화인 「미션(The Mission)」(1986)의 로버트 드니로가 바로 그 노예상 역할을 담당하였다.

16-17세기에 예수회 선교사들은 파라나 주에 스페인 도시와 공동체를 건설하였다. 시우닷 레알, 온티베로스, 비야리카, 세 도시는 아순시온에 베이스를 둔 스페인 정복자들이 포르투갈 세력이 넘어오는 것을 막기 위해 건설한 것이다. 예수회 선교

사들은 또 과라니 원주민들을 선교하기 위해 공동체를 만들었다. 결국 이 도시들 중에 비야리카는 반데이란테의 침입으로 현재의 파라과이로 이동하였고, 수많은 예수회 공동체들도 포르투갈 정복자를 피해 아르헨티나와 파라과이로 옮겼다.

이렇듯 쿠리치바와 파라나 주의 도시들은 스페인령 도시와 마을 위에 건설된 것이다. '역사 도시'의 시각으로 쿠리치바를 방문한다면, 과라니 원주민들을 둘러싸고 치열하게 경쟁했던 스페인, 포르투갈 정복자들의 모습을 영화 「미션」의 한 장면처럼 느낄 수 있을 것이다.

__파라과이 차코 지방의 개척자 메노니타

구경모

차코 협곡의 유적지.

차코(Chaco) 지방은 남미 남부 지역의 광활한 건조 지대로서 파라과이와 볼리비아, 아르헨티나, 브라질에 걸쳐 있다. 파라과이의 차코 지방은 파라과이 강을 경계로 서쪽에 위치해 있다. 파라과이 영토의 67퍼센트는 차코 지방이 차지하고 있지만, 파라과이의 인구와 산업의 97퍼센트는 파라과이 동쪽 지역에 모여 있다. 이러한 이유로 파라과이 사람들은 차코 지방을 오지로 여긴다. 원주민 구성에 있어서도 차코 지방은 과라니 원주민이 아닌 볼리비아 계통의 원주민들이 압도적으로 많이 분포하고 있다.

차코 지방에서 자생하는 대표적인 나무는 과라니어로 사무우(samuhú)라 불리며, 스페인어로 술 취한 나무(palo borracho)라는 뜻을 가지고 있다. 나무 둥치가 불룩한 것은 건조 지역에서 물을 저장하기 위해서이며, 시간이 지날수록 점점 부풀어 오른다. 이렇듯 차코 지방은 건조한 지역으로, 선인장과 잎이 무성하지 않은 수목들, 초원과 늪으로 이루어져 있다.

파라과이 사람들은 척박한 땅인 차코 지역에 손댈 엄두도 내지 못했다. 이러한 차코를 개척한 사람들이 바로 메노니타이다. 메노니타는 16세기 유럽의 종교개혁 가운데 나타난 개신교의 한 종파로서 지금의 독일과 네덜란드 지역에 나타났다. 메노니타는 이 종파를 창시한 메노 시몬스(Menno Simons)의 이름에서

술 취한 나무라고 불리는 사무우. 물을 저장하기 위해 시간이 지날수록 부풀어오른다.

딴 것이다. 메노니타는 평화주의자들로서 어떤 무기를 소지하지 않으며 군복무를 거부하는 것이 주요 교리였다. 메노니타는 종교개혁 후 독일 연방 중 가장 강성했던 프러시아에 거주하였다. 1780년 러시아의 카탈리나 2세는 이슬람 세력이 장악하고 있던 지금의 우크라이나 지역을 정복하였고, 그 땅에 거주하도록 메노니타를 초청하였다. 거주 조건은 군복무를 없애주고 토지를 제공하며, 독일어 사용을 허락한다는 것이었다. 많은 수의 메노니타들은 러시아로 이민을 떠났고, 목축과 농업에 종사하였다.

그러나 100년 후 러시아 정부는 메노니타의 권한을 박탈하여 이때부터 메노니타들이 미국과 캐나다로 재차 이주하였고,

급기야 세계 1차 대전의 발발과 볼셰비키 혁명으로 인해 러시아를 떠나는 메노니타들이 증가하였다. 파라과이의 메노니타들도 바로 이 시기에 건너온 것이었다. 원래 메노니타들은 아르헨티나로 이주하기를 원했으나 아르헨티나 정부가 군복무를 하지 않겠다는 조건을 받아들이지 않자, 결국 그들은 파라과이에 정착하였다. 특히 파라과이 정부는 국토의 절반 이상인 차코 지방을 개척하기 위해 1921년 6월 21일 의회에서 '메노니타 법(ley 514/21)'을 만들어 메노니타에게 토지를 제공하고 그들의 관습과 신앙을 유지할 수 있도록 지원하였다.

파라과이로 이주한 메노니타들은 러시아에서 바로 오거나 미국과 캐나다, 멕시코에서 정착했다가 다시 이주하였다. 현재 파라과이에 거주하는 메노니타들은 약 3만 명가량 된다. 가장 먼저 이주한 집단은 1927년에 캐나다에서 건너왔으며, 공동체를 메노(Menno)라 명명하였다. 현재 메노는 약 10,000명에 달한다. 1930년과 1947년에 이주한 메노니타는 러시아에서 건너왔으며, 각각 페른에임(Fernheim)과 네우란드(Neuland)라고 이름을 붙였다. 페른에임과 네우란드 공동체에는 각각 약 5,000명과 약 3,500명의 메노니타들이 거주하고 있다. 초기에 이주한 세 개의 메노니타 공동체는 모두 차코 지방의 보케론(Boquerón) 주에 있으며 서로 인접해 있다. 그 후에 들어온 메노니타들은 파라과이 동부 지역에 흩어져 있으며 차코의 메노니타에 비해 소규모 공동체를 이루고 있다.

차코 지역의 메노니타들은 농축산업을 담당하고 있다. 주요 농작물은 목화와 사탕수수, 땅콩 등이 있다. 축산물은 주로 소

메노니타는 개신교의 한 종파로서, 이 종파를 창시한 메노 시몬스의 이름에서 딴 것이다.

를 키우는데 파라과이 총 유제품 생산량의 75%를 차지할 정도로 경제적인 측면에서 파라과이에 큰 영향을 미치고 있다. 이들은 유명한 유제품 및 육가공품 브랜드를 소유하고 있다. 메노는 유제품 브랜드인 트레볼(Trébol)과 조르티(Chorti)라는 육가공품 브랜드를 소유하고 있다. 페른에임은 유제품 브랜드인 콥(Coop)을, 네우란드는 공동체와 같은 이름의 육가공품을 생산 브랜드로 보유하고 있다.

이들은 철저하게 파라과이의 행정구역과 별개로 독립적인 도시 공동체를 유지하고 있다. 예를 들어 페른에임 공동체의 경우는 협동조합과 시민조직 등 3개의 기구를 통해 모든 것을 직접 운영하고 있다. 생산협동조합은 도로 및 도시 인프라, 산업

시설 및 병원, 학교, 교회 등 공공건물 건설을 담당한다. 메노니타 시민협회는 유치원부터 고등학교 교육과 병원 및 보건소, 우체국의 운영을 책임진다. 언어 교육의 경우는 독일어와 스페인어를 모두 가르친다. 공동체 협동조합은 주민들의 일상적인 경제 활동과 관계된 전반적인 부분을 관리한다. 이 조합은 소비 물품의 구입과 생산물의 판매를 전담하며 신용 대출 및 예금 등의 은행 업무, 그리고 서점과 약국, 호텔, 슈퍼마켓, 정비소, 금속 세공 등 일상생활에서 필요한 서비스를 모두 운영한다.

＿여러 겹의 흔적을 만나다: 볼리비아 기행

차경미

남미를 여행하는 모든 이들의 꿈의 종착지, 우유니 소금사막.

볼리비아의 수도 라 파스(La Paz)에 도착하여 공항 밖을 나오자 갑자기 가슴이 먹먹해짐을 느꼈다. 구름조차도 잠시 머물다 가는 하늘과 맞닿은 땅이라는 표현이 과장된 것은 아니었다. 해발 3600미터에 달하는 광활한 고원지대, 그래서 여행자들의 발길을 쉬이 허락하지 않는 척박한 곳이라는 사실이 몸으로 다가왔다. 여러 해 동안 라틴아메리카 나라들을 여행하면서 쌓아온 경험과 흔적들이 지속되는 시간 속에 배경 지식으로 남았다. 이것을 근거로 때때로 나는 국가와 지역마다 가지고 있는 차이와 다름의 틈을 편의적으로 메우려는 경향이 있음을 깨달았다. 볼리비아의 수도 라 파스는 그동안 내가 경험한 안데스 지역 국가의 수도와는 달랐다.

라틴아메리카 여행에서 안데스산맥 지역 국가들은 익숙함 때문에 늘 빠뜨리지 않는 여행 필수 코스였다. 그럼에도 불구하고 고산지대 증후군에 시달려 본 경험이 있는 나에게 볼리비아는 늘 뒷전으로 밀려날 수밖에 없는 곳이었다. 안데스산맥 국가를 여행한 경험을 바탕으로 나는 볼리비아를 페루 그리고 에콰도르와 같은 색으로 상상하거나 이미지화했던 것도 사실이다. 그러나 이번 볼리비아 여행은 그동안 쌓아두었던 여행의 경험들이 나의 시간 위에서만 배회하는 여행, 그래서 내 자신이 바뀌지 않았던 여행이었음을 새삼 알게 해주었다.

과거가 아닌 지금의 일상에서 전통이 숨 쉬고 있는 라 파스의 도시 전경.

버스를 타고 공항을 벗어나자 펼쳐진 풍경들은 여타 라틴아
메리카 도시와는 달라 흥미롭기까지 했다. 이웃 국가들의 수도
는 골목 후미진 곳에 앉아 수공예품을 팔며 그늘진 일상을 엮어
가는 원주민들의 모습이 이색적일 뿐, 도시는 우리와 유사한 형
태의 삶이 유지되고 있었다. 그러나 라 파스의 거리는 대형 상점
보다는 재래시장들로 촘촘히 메워져 있었고, 복장이나 사람들
의 모습에서 전통은 과거가 아닌 일상 속에 숨 쉬고 있었다. "참
다르구나."라는 말이 나도 모르게 입에서 새어나왔다.

시내 중심을 걷다 우연히 들어선 골목은 각종 미니어처와 주
술 행위를 행할 때 사용될 만한 물건들로 빼곡했다. 일명 '마녀
시장'이라고 불리는 거리는 악을 물리치고 행운을 주는 부적들

이 상품으로 진열되어 가는 이의 호기심을 자극했다. 박제된 동물부터 다양한 의미를 담고 있는 상징물들이 고단한 서민의 삶의 희망을 연결해 주고 있었다.

다음날 아침, 남미를 여행하는 모든 이들의 꿈의 종착지, 우유니 소금사막으로 발걸음을 재촉했다. 버스로 9시간 만에 도착한 우유니에는 새벽임에도 불구하고 세계 각국에서 몰려온 여행객들로 분주했다. 여행사에서 제공한 차로 5명이 한 팀을 이루어 운전사의 안내를 받으며 소금사막으로 향했다. 1시간 30분쯤 달리자 저 멀리 2만 년 동안의 지각변동이 만들어낸 자연 최대의 선물이 눈앞에 펼쳐졌다. 하늘과 경계를 알 수 없을 정도로 끝없이 펼쳐진 하얀 소금사막은 우리를 마치 빙하시대로 이끄는 듯했다.

포토시 주 볼리비아 만 서쪽 3650미터 고지에 위치한 소금사막의 장엄한 경관과 마주하며 인간의 왜소함을 인정할 수밖에 없었다. 민친호수(Lago Minchin)에 의해 4만 년 전 소금으로 덮인 사막은 이후 타우카 호수(Lago Tauca), 코이파사 염전(El salar de Coipasa), 푸포 호수(los lagos Poopó) 그리고 우루우루 호수(Uru Uru)에 영향을 미쳤다. 현재 소금사막은 우유니 사막과 코이파사 그리고 푸포와 우루우루 호수까지 펼쳐진다.

끝없는 사막을 걷노라니 세상 끝 어디엔가 있을 것만 같았던 마음의 장소에 다다르는 느낌이었다. 사막 한가운데에 이르자 세계 각국의 국기가 바람에 펄럭이며 생명력을 과시하는 듯했다. 그 뒤에 위치한 동화 같은 소금호텔은 보고 있는 것만으로도

가난한 볼리비아에도 개혁과 변화가 올 수 있을까. 남미에서도 가난한 나라 중 하나인 볼리비아, 풍요롭지는 않았지만 결코 부족할 것도 없어 보였다.

여행의 피로를 보상받는 듯했다. 안으로 들어서자 소금으로 만들어진 것이라고는 믿을 수 없는 가구와 장식품들이 거실을 빈틈없이 채우고 있었다. 하얀 바닥과 벽 그리고 파스텔톤의 커튼이 조화를 이룬 침실의 아늑함은 다음 여행 일정을 모두 미루고 싶은 충동을 안겨주었다. 호텔의 부족한 편의 시설의 불편함마저도 당연하게 느껴졌다. 사막 너머 고립된 삶을 살아가는 치파야족을 만나야 하는 일정 때문에 사막에서의 하룻밤을 포기해야만 했다. 호텔을 뒤로하고 돌아서야만 했던 기억은 지금도 긴 아쉬움으로 남아 있다.

계획했던 일정을 마치고 다시 수도로 돌아오는 길, 버스 창밖의 풍경은 처음의 느낌과는 달리 볼리비아 사회가 간직한 문제의 묵직함들이 눈앞으로 다가왔다. 음료수와 빵 한 조각으로 굶주린 배를 허겁지겁 채우는 가난한 볼리비아가 눈에 다가왔고, '개혁과 변화'라고 낙서된 벽보와 함께 미래를 향해 힘차게 달려가는 볼리비아도 나의 시선에 머물렀다. 남미에서도 가난한 나라 중 하나로 꼽히는 볼리비아, 그곳에 사는 사람들은 풍요롭지는 않았지만 결코 부족할 것도 없어 보였다. 현재는 고단해 보였지만 극복할 수 있는 미래가 있어 그늘지지 않았다. 그래서 볼리비아인들은 자신을 가난하거나 불행하다고 생각하지도 않았다. 볼리비아라는 나라 전체를 경험할 수 있는 여행은 아니었다. 그러나 도시와 농촌에서 경험한 이들의 일상은 우리 사회의 논리를 되묻게 만드는 시간이었다.

___볼리비아 코카 재배 농민운동, 그 이후에 관하여

이유주

볼리비아 원주민 여인들.

라 파스에서 오전 7시에 출발하기로 예정되어 있던 버스는 50분이 지나서야 겨우 움직이기 시작했다. 붉은 벽돌과 나무판 자로 허술하게 지어진 집들이 뒤엉킨 빈민가 엘알토(El Alto) 지역은 마치 고산지대의 척박한 기후를 이겨내겠다는 굳은 의지를 재현하는 것처럼 비장해 보인다. 얼마나 흘렀을까. 창밖 너머로 푸른 빛깔을 띠는 호수가 등장하고 광활한 하늘 아래 야마 떼가 거친 대지 위를 거니는 풍광에서 여행자는 감동을 넘어 경이의 순간에 닿는다. 비록 이곳이 빈곤과 불평등으로 드러나는 사회 현상과 구조를 간과할 수 없다 해도 그것이 광대한 볼리비아 사회의 모든 것을 설명하지 못함을 깨닫는다.

라 파스에서 출발하여 코차밤바 주(Cochabamba)까지 걸리는 시간은 8시간 정도로 수월한 편이었다. 문제는 라틴아메리카 원주민 사회 운동이자 남미 급진 좌파 정권의 대표적인 사례로 등장하는 볼리비아 사회주의운동당(MAS)과 에보 모랄레스(Evo Morales Aymara)가 2005년 대선에서 승리하기까지 그 정치적 투쟁의 중심에서 독보적인 사회 세력으로 활약했던 차파레 코카 재배 농민들의 생활 터전까지 도착하는 일이었다.

해발 2500미터로 라파스에 비해 비교적 저지대에 속하는 코차밤바는 평균 기온 20도를 웃돌며 온화한 날씨를 자랑하기에 볼리비아에서 가장 살기 좋은 도시로 손꼽힌다. 아쉽게도 도시를 구경할 여유가 없어 시외버스 터미널에 내리자마자 지나가는 주민을 붙잡고 차파레(Chapare)로 가는 교통수단을 물었다. 아저씨가 친절하게 길은 안내해 주는데 걱정스러운 눈빛이 역력하다. 가방을 보이지 않게 안쪽으로 놀려 매고 해가 지면 반드시 숙소에만 있으라고 신신당부하신다.

코차밤바 시외버스 터미널에서 중앙시장을 따라 30분 정도를 걸으면 버스와 작은 봉고차(colectivo)가 밀집해 있는 구역이 나온다. 해당 지역까지 소요되는 시간은 4~5시간이며 요금은 25볼. 40분 남짓 기다렸을까. 농민으로 보이는 사람들, 원주민 복장을 한 이들, 할머니 그리고 아이들이 하나 둘씩 승차하기 시작했고 나도 재빠르게 버스에 올랐다.

차파레로 들어가는 도로 중심에 볼리비아 정부에서 자체적으로 운영하는 검문소가 있다. 군인들은 버스에서 내린 승객들이 50미터를 걸어 공중화장실 앞 입구에서 기다리고 있는 동안 버스의 내부를 점검한 뒤 돌려보낸다.

볼리비아 코카 재배 지역은 크게 수도 라 파스 북서부에 위치한 전통 지역 융가스(Los Yungas de La Paz)와 이주 역사를 지닌 코차밤바 주의 열대 지역(el Trópico de Cochabamba)으로 나뉜다. 코차밤바 열대 지역은 다시 차파레(Chapare), 카라스코(Carrasco), 티라케(Tiraque) 군으로 나뉜다. 필자가 방문했던 지역은 1980년대 '마약과의 전쟁'을 선포한 미국이 마약단속국(DEA)을 설치하면서부터 시위와 폭력, 인권 침해가 끊이질 않았던 차파레 군의 비야투나리(Villa Tunari) 마을이다. 1952년, 볼리비아 혁명을

차파레로 들어가는 도로 중심에 볼리비아 정부에서 자체적으로 운영하는 검문소가 있다.
ⓒ이유주

일으킨 민족혁명당이 농지개혁을 실시하면서 이주화로 형성된 차파레 지역은 1970년대부터 국제적으로 코카인 수요가 증가하면서 인구가 증가한다. 1982년 고지대의 극심한 가뭄으로 토지를 잃은 원주민들과 1985년 신자유주의적 경제 정책의 실시로 국영 광산 기업이 몰락하면서 터전을 잃은 광부들이 생계 유지의 목적으로 이주하면서부터 인구가 기하학적으로 폭발한다. 현 정권의 수장이자 코차밤바 열대 지역 코카재배농민조합(Seis Federaciones del Trópico de Cochabamba)의 회장직을 겸하고 있는 에보 모랄레스의 정치 경력에 밑거름이 된 장소도 바로 이곳이다. 따라서 볼리비아 내부에서는 코차밤바 열대 지역을 차파레라는 지명으로 통합하여 부르기도 한다. 역사의 아이러니란 바로 이러한 것일까? 주민들의 이야기를 들어보면 미국 정부나 볼리비아 신자유주의 정권이나 시골에서 코카 잎을 재배하는 사람들이 원주민·농민으로 구성된 정치 기구(Instrumento Politico) 설립을 주도하여 현 정권을 출범시키리라고는 그 누구도 예상하지 못했다고 한다.

실제로 안데스 원주민의 전통 문화를 상징하며 볼리비아의 국내 수요를 담당하는 코카 잎은 수도 라 파스에 위치한 전통 지역 융가스에서 대부분 재배되고 있다. 1988년, 미국 정부는 전통 지역을 제외한 볼리비아의 모든 재배 지역을 불법 지역으로 간주하는 법령 1008(Ley 1008: Ley del Régimen de la Coca y Sustancias Controladas)을 도입하면서 차파레 지역의 코카 잎 생산을 전면 금지시킨다. 이후 차파레 코카 재배 농민 운동은 미국 정부와 신자유주의를 옹호하는 기존 정통 정당들에 대항하면서 1990년대를 거치며 오랫동안 억압받고 소외된 원주민·농민 운동으로 부상하기 시작하고 코차밤바 물전쟁(2000)과 가스전쟁(2003)에서 코카 잎을 천연자원으로 재해석하며 국권을 수호하는 민중 운동으로 확장된다.

필자가 방문한 시기는 2006년 사회주의운동당이 정권을 잡은 이후부터, 그러니까 정확히 10년 후였다. 현재 볼리비아 코카 재배 농민 운동에 대한 연구는 국내에서 많이 다루어지지 않았고 현지에서도 현황과 관련해서 체계적으로 정리된 연구물을 찾기가 쉽지 않다. 한때 라틴아메리카 대안 사회운동의 사례로 언급되었던 차파레 코카 재배 농민 운동에 대한 연구가 진척

에보 모랄레스의 정치 경력에 밑거름이 되었던 곳도, 이곳 코차밤바 열대 지역의 코카재배농 민조합이다.

되지 못하고 있는 것은 왜일까. 후덥지근한 열대 지역의 기후, 외부인에 대한 조합원들의 경계, 현 정권과의 관계, 국제 사회의 압력, 부정적 여론, 공식적이고 구체적인 자료의 부재 등, 여러 가지 복합적이고 민감한 사항들이 국외뿐만 아니라 볼리비아 내부 연구진들까지도 현지 조사와 학술 연구를 지속적으로 진행할 동력을 얻지 못하고 있는 것 같았다. 상황은 사회주의운동당이 집권한 이후부터 더더욱 복잡하게 변하고 있는 듯했다.

2006년 집권한 사회주의운동당은 천연자원의 국유화를 선포하며 광업이나 가스 산업과 동일하게 코카 잎을 볼리비아의 천연자원으로 지정, 코카 정책에 관한 외부의 개입을 제국주의적 행위로 판단한다. 2008년 미국 마약단속국을 차파레 지역에서 몰아내고 조합원들의 자발적인 통제하에 한 가구당 1카토 이내로 코카를 재배함으로써 코카인 시장으로 유출되는 가능성을 줄이고 재배되는 코카 잎을 산업화라는 전략을 통해 합법적인 국내 생산량을 늘리겠다는 것이 현 정권의 방향이자 목표이다. 2009년 신헌법에 코카 잎을 원주민의 전통 문화이자 재생 가능한 천연자원으로 규정한 것은 이와 같은 정부의 의지를 반영한다.

2011년 라틴아메리카 좌파 집권이라는 의미를 넘어서 억압받던 원주민을 해방하는 탈식민적 기획으로 평가받는 사회주의운동당 정권은 코차밤바와 베니(Beni) 주를 잇는 고속도로 건설 정책을 법안으로 부친다. 당시 고속도로는 원주민 보호구역인 이시보로 세쿠레 국립공원(TIPNIS)의 중심을 관통하도록 건설될 예정이었는데 코카재배농민조합은 원활한 코카 잎 수송의 필요성을 제기하며 정부의 정책에 찬성하는 입장을 표명한다. 이후 코카 잎의 산업화 전략이 실패로 드러나고, 차파레 지역에서 생산되는 코카 잎의 최종 목적지가 코카인 시장으로 유통되고 있음을 주장하는 보고서와 기사가 속출하면서 현 정권과 차파레 코카재배농민조합의 관계를 후원주의, 코포라티즘, 포퓰리즘, 반원주민 정부와 반원주민 세력이라는 관점으로 해석되었다.

차파레 군의 비야 투나리 마을은 코카 재배자들이 거주하면서부터 화려한 지역으로 변모했다는 대중들의 소문과는 다르게 초라하고 황량했다. 폭력과 범죄가 일상화되어 불안과 공포에 젖은 주민들의 모습 역시 찾아볼 수 없었다. 도로는 다른 농

차파레 지역의 비야 투나리 마을. ⓒ이유주

촌 마을보다 비교적 잘 닦여져 있었지만 동부 지역으로 향하는 화물차 수송을 위한 중간지로 활용되고 있었다. 근처 호스텔에 짐을 풀고 가까운 레스토랑에서 수루비(surubi)라는 생선요리를 시켜 한 끼를 때웠다. 내일 오전 방문해야 할 코카재배농민조합 건물 위치를 식당 주인에게 물어본 후 숙소로 돌아가자마자 쓰러져 잠이 들었다.

사회주의운동당의 지지 기반임을 증명하듯 입구에서부터 사무실 내부까지 온통 에보 모랄레스 대통령 포스터로 도배되어 있다. 우측에 걸린 증명서는 공동체 코카 통제 프로그램 서약서이다.

다음날 아침 일찍 코카재배농민조합 사무실을 방문했다. 직원에게 한국에서부터 머나먼 볼리비아까지 오게 된 경위를 설명하며 인터뷰와 사진 촬영을 부탁하니 조합 간부의 승인이 필요하다며 어디론가 전화를 건다. 30분을 기다렸고 운이 좋게도 코카재배농민조합의 일원이자 행정서기인 마리아를 만나 간단한 인터뷰를 진행한 뒤 비야투나리에서 자동차로 15분 거리에 위치한 치피리리(Chipiriri) 마을로 이동했다.

1950년대까지만 해도 불모지였던 차파레 지역은 조합원의 규율과 협동을 바탕으로 현재까지 지속적으로 운영되고 있다. 가구당 1카토라는 한정된 면적에서 벌어들이는 수익률로는 한 가족이 생활하기에 부족한 상황. 정부는 대안 작물 프로그램을 도입하여 코카인 시장으로 유출될 수 있는 수확량을 줄이는 동시에 다른 농작물(바나나, 오렌지 등)의 재배량을 늘려 농민들의 생계 유지를 위한 발판을 마련하고 있었다. 정부와 농민조합원들은 코카 잎 재배 농민을 둘러싼 국제적 이미지를 긍정적으로 변화시키기 위해 노력하고 있었다.

이틀 뒤 참석한 농민조합회의는 아침 8시부터 시작하여 저녁 6시가 되어서야 끝이 났는데 토론의 주제는 농민들의 교육 수준, 토지 증서를 둘러싼 갈등, 공동 시설 수리 문제에서부터 코카 잎에 관한 국가 정책과 칠레와의 해양 분쟁을 두고 둘러싼 천연자원과 국권 수호 쟁점까지 일상과 지역 영역에만 한정된 논의가 아니라 국가 수준의 정치 영역까지 매우 광범위했다. 조합원들의 의견은 굉장히 다양했고 그 비판의 강도가 상당히 높아 지도자들은 조합원들의 의견을 수용하여 정책을 수행하는 수준

코카재배농민조합 사무실(왼쪽 위). 치피리리에 위치한 마리아 가족의 집(오른쪽 위). 코카재
배농민조합 여성들은 일주일에 두 번 제빵 기술을 배운다(왼쪽 아래). 치피리리 읍에서 개최된
회의장의 모습(오른쪽 아래). ⓒ 이유주

을 넘어서 그들을 설득하고 합의에 이를 수 있는 뛰어난 지도력
을 보여줘야 했다. 참여민주주의의 실제 현장을 그곳에서 목격
할 수 있었다.

차파레 지역을 방문한 뒤 일주일 후 라 파스에 위치한 전통
재배 지역 융가스 지역의 농민조합을 방문하여 그들의 의견을
들어보기로 했다. 1988년 제정된 법령 1008은 이주 지역의 코카

재배를 전면 금지시키고 전통 지역의 재배만을 허용했는데, 코카 재배 면적을 12,000헥타르로 제한하면서 전통 지역 농민들의 불만을 사기 시작한다. 마약과의 전쟁에서 격렬한 저항을 표출한 세력은 차파레 지역의 농민들이었지만 융가스 농민들 역시 저항의 선상에 있었다는 점에서 그들의 중요성을 간과할 수 없었다. 조합원들을 만나 현 정권의 정책과 차파레 코카재배농민 조합에 대한 의견을 물었다.

"저희도 여전히 MAS 정당을 지지합니다. 그 누구도, 과거의 그 어떤 정권도 우리와 같은 하층민들에게 관심을 기울여주지 않았어요. 1980, 1990년대와 비교했을 때 볼리비아 사회 내에서 폭력과 범죄가 없어지고 전통 지역까지 재배가 금지될 수 있겠다는 가능성에 대한 두려움이 사라졌다는 점, 생활 수준이 이전보다 나아졌다는 점 등, 모든 것이 긍정적인 변화라고 생각합니다. 국가가 자체적으로 국가 수준의 코카 잎 양을 제정하여 차파레 지역을 포함하여 볼리비아 모든 코카 재배자들의 권리를 보호하려는 의도에도 찬성합니다. 지금 우리는 현 정권과 차파레 농민들을 비난하는 게 아니에요. 단지 원주민 전통 문화를 상징하는 코카 잎은 이곳에서 재배된다는 사실에 대한 정부의 표명, 같은 코카 재배 농민임에도 그들에게 정권이 경제적 후원을 더 해주고 있는 사실, 그리고 저희 또한 수많은 경제적 어려움에 처해 있다는 상황을 알아주길 바라는 겁니다. 바로 우리들 내부에 관한 이야기예요."(ADEPCOCA의 조합원들과의 인터뷰. 2016년 7월)

흔쾌히 인터뷰에 응해 주었지만 조합원들의 표정과 답변은 매우 조심스러웠다. 2시간에 걸친 인터뷰를 마친 뒤 집으로 돌아가는 길, 볼리비아 코카 재배 농민 운동이 예상했던 것보다 더욱 치열한 현실에 처해 있음을 느끼며 앞으로도 쉽지 않은 여정이 될 것이라는 생각에 발걸음이 유난히 무겁게 느껴졌다. 그럼에도 이 모든 난점들과 모순들이 오히려 볼리비아 사회의 역동성을 보여주는 하나의 척도가 아닌가라는 지극히 주관적이고 긍정적인 착각을 하며 올려다 본 라 파스의 하늘은 참으로 맑고 깨끗했다.

시간을 걷다: 잉카제국의 수도 쿠스코

차경미

쿠스코 중앙광장 성당.

해발 3400미터에 위치한 잉카제국의 심장 쿠스코! 하늘이 좀 더 가까워서일까? 마치 인사라도 하듯 눈이 부시게 푸른 하늘 위로 뭉게구름 떼가 몰려와 손에 잡힐 듯 다가선다. 고산이 주는 압박감도 잠시일 뿐, 기억 저편에 밀어두었던 오래된 추억들이 되살아나 쿠스코의 모든 것이 어제처럼 친숙하다.

20년 만에 다시 찾은 도시는 여전히 중세 유럽의 늠름한 자태로 웅장함을 과시한다. 시내에 들어서자 백인 문명의 우월을 상징이라도 하듯 외형이 화려하게 장식된 건축물들이 시선 안에 가득하다. 자연의 법칙에 순응하며 인간과 신의 교감을 통해 공간적 조화를 이루었던 잉카의 모습은 유럽을 모방하여 세워진 기념비적인 건축물 속에 흔적으로 남아 아픈 과거를 겸손하게 들려준다.

거리를 오가는 잉카 후손들의 분주한 일상은 '라틴'과 '아메리카' 공존의 역사를 마치 기록처럼 보여준다. 마추픽추로 가는 관문이자 거리 곳곳에 저장되어 있는 역사만으로도 여행자의 발길은 쿠스코에 머문다.

잉카제국의 중심지는 다른 어떤 도시보다도 혹독한 파괴의 역사를 감내해야만 했다. 잉카의 위상을 실추시키고 백인 문명의 우월성이 가시적으로 표출될 수 있도록 정복자들은 더욱 웅장하고 더욱 화려한 건축물을 거리 곳곳에 건설했다. 격자형의

잉카의 후손.

통일감을 유지하고 있는 도로 그리고 법원과 의회 등 사회 통제와 권력을 상징하는 건물이 즐비한 광장은 다른 라틴아메리카의 도시와 다를 바 없다. 태양과 자연을 숭배하던 잉카의 도시는 식민 권력의 특권과 부를 유지하기 위한 새로운 공간으로 재편되어 여전히 지금도 여러 겹의 시간을 품고 있다.

광장을 벗어나 바쁜 걸음 재촉하며 나는 여행자들로 혼잡한 코리칸차 신전을 향해 발길을 돌렸다. 태양과 대지의 신을 모시던 신전은 파괴와 충돌의 역사적 상흔이 기록처럼 남아 있다. 정복자들의 신을 찬양하는 수도원으로 재건된 신전은 새로운 종교관이 반영된 기념비적인 건축물에 둘러싸여 있다.

토착문화와 관계없는 화려한 석조물에 갇힌 신전 내부에 들어서자 놀랍도록 정교한 잉카의 벽돌이 나의 시선을 사로잡는다. 잉카인의 세계관이 암호로 새겨져 있는 황금 판은 고대인의 심오한 우주관을 감동으로 전해 준다. 조상의 세계관을 온전히 복원할 수도 그리고 이해할 수도 없는 현대 후손들이지만 시시각각 달라지는 강렬하고 섬세한 태양빛의 충돌과 어우러짐을 작품으로 표현하여 신전의 한쪽 벽면을 장식했다. 조상의 유산에 닿으려는 후손들의 노력은 역사란 그저 과거의 기억 속에 머무는 것이 아니라 현재이고 미래임을 되새기게 한다.

쿠스코를 뒤로하고 잉카레일의 출발역인 우르밤바로 향하는 버스에 몸을 실었다. 여러 겹의 시간이 겹쳐 있는 마추픽추에 한 발 더 다가선다. 길고 고단한 여정이다. 하지만 자연과 신 그리고 인간이 완벽한 조화를 이뤄낸 마추픽추로 가는 나의 마음은 한없이 설렌다.

__에콰도르 아마존의 '불편한' 진실과 희망

이태혁

에콰도르 나포 강. ⓒ이태혁

에콰도르는 4가지 '얼굴'을 가진 국가이다. 스페인어로 '적도'라는 뜻의 에콰도르(Ecuador)는 모두 4개로 구분되는 지형으로 형성된 남미의 한 국가로 다윈의 『종의 기원(The Origin of Species)』으로 유명한 갈라파고스(Galapagos) 군도, 태평양 연안의 해안(Costa), 안데스산맥 고산지대인 산지(Sierra), 그리고 안데스산맥의 동편인 아마존(Amazonia) 열대 우림 지역으로 구분되어 있다. 즉 지리적 환경으로 형성된 지역마다 저마다의 '맛'과 삶의 양식이 다르다. 필자는 갈라파고스 군도를 제외하고 에콰도르의 3개 지역을 방문한 바 있는데 그 지역을 모두 본 글에 담기보다는 아마존 지역, 특히 아마존 지역의 7개 주 가운데 오레야나(Orellana) 주와 결부된 과거 그리고 현재 이야기를 간략히 담고자 한다.

　필자는 브라질, 페루 그리고 볼리비아의 아마존 지역을 방문한 바 있다. 연구 목적으로 방문하여 아마존 지역 그리고 현지원주민들을 개발이라는 담론으로 반추하며 학문적 접근을 시도함으로써 연구를 수행했었다. 그리고 인접국이지만 방문해 보지 못한 에콰도르의 아마존 지역은 사료를 통해 먼저 그 지역의 역동성을 확인한 바 있다.《이베로아메리카》학술지에 「에콰도르의 이중성」이라는 논문의 제목하에 에콰도르 아마존 지역 개발의 정치경제적 역설을 야수니(Yasuni) ITT 사례를 통해 연구한 바 있다. 그리고 궁금했다. 실질적으로 에콰도르 아마존은 어떠한 모습일까? 다시 말해, 코레아 정부가 시행코자 했던 야수니 공원 내 에콰도르 최고 원유 매장지인 이스핑고(Ishpingo)-탐보코차(Tambococha)-티푸티니(Tiputini) 지역에 대한 석유 개발 포기를 선언하며 국제 사회로부터 경제적 보상(환경 분담금)을 지난 2007년부터 요구한 바 있다.

하지만 이내 2013년 '환경적 쿠데타'로 치부될 수 있는 야수니 ITT 이니셔티브(Yasuni ITT initiative)를 철회했으며 그리고 그 지역에 대한 개발의 '몫'은 중국발 자본의 '보이(지 않)는 손((in)visible hand)'으로 넘어갔다. 때문에 필자는 확인하고 싶었다. 그 실상을! 그리고 이내 교내 ACE 사업의 해외 문화 체험 탐방의 일환으로 학생들과 함께 사료로만 접했던, 그래서 현재적 모습이 궁금했던 에콰도르 아마존 땅으로 떠나게 되었다.

아마존 '시작점'에 가다

에콰도르의 수도인 키토에서 첫날 하룻밤을 청했다. 키토가 해발 2850미터 고원지대여서 그런지 숨 쉬는 것이 불편했다. 그리고 명일 저녁 야간버스에 몸을 싣고 야수니 국립공원이 있는 오레야나 주의 코카(Coca) 시로 출발했다. 안데스 고원지대에서 밤새 차를 달려온 후 눈을 뜨고 나니 아마존의 밀림에 도착한 것이다. 필자가 수년 전 아마존 지역에서 4개월 정도 현지 조사차 생활했던 때와 비슷한 '것들'이 나를 그리고 우리 팀을 반겼다.

즉 고온 다습한 그 열대 우림! 그리고 다른 만남도 있었다. 키토의 'Accion Ecologica'라는 NGO 환경보호 단체 소속의 소개로 코카 지역에서 활동하고 있는 환경운동가인 디오첼로 씨가 우리를 반가이 맞이해 준 것이다.

우리가 이동한 곳은 나포 강이다. 나포 강은 남미, 아니 전 세계의 역사상 '거대한' 의미가 있는 곳이다. 즉 황금(El Dorado)과 계피의 발견을 위해 동진을 준비하던 프란시스코 피사로와 그의 사촌동생인 프란시스코 데 오레야나가 그 첫 발을 내딛은 곳이 나포 강이다. 그리고 프란시스코 데 오레야나가 그리스의 전설에 나오는 가슴 없는 여전사['아마존'='아'(없다)+'마존'(가슴)]와 조우하며 일전을 치르고 대서양을 통해 이베리아 반도로 귀국한 후 이 지역을 추후 아마존이라고 부르게 되었다고 한다.

이 역사적인 장소에서 사진을 찍은 후, 우리 팀은 나포 강을 따라 야수니 지역으로 이동했다.

아마존 현 실태, 야수니 지역 국립공원을 통해 확인하다

디오첼로라는 환경운동가의 소개로 코카 지역 내 원주민 권익 보호 단체 'Alejandro Labaka'를 방문했다. 그리고 야수니 공원 지역은 키추아(Kichwa), 와오라니(Waorani) 그리고 슈아르(Shuar) 등의 부족들이 평화롭게 공존하며 지내는 곳임을 확인했다. 그리고 감사하게! 와오라니 부족의 한 가장인 솔로몬의 초청으로 야수니 국립공원 지역 내 솔로몬이 거주하고 있는 마

녹슨 송유관과 유조차량.ⓒ이태혁

을로 같이 이동하게 되었다. 우리는 이동하는 가운데 아마존 야수니 국립공원 지역 인근의 실체를 확인할 수 있었다.

상기 그림에서도 확인할 수 있듯이, 파이프 관들이 즐비하게 연결되어 있으며, 누구를 위함인지 도로망이 제법 잘 포장되어 있었다. 파이프 관들은 원유 채굴 후 가스를 태우기도 하고 혹은 이렇게 녹슨 파이프 관을 통해 한 곳으로 집결해서 태우기 위해 또한 원유를 한 곳으로 집결하기 위해 사용되고 있었다.

한편, 다음 장면에서는 원유를 분리하며 추출하는 과정에서 추출 시 발행하는 가스를 태우기 위해 불길이 숲 사이로 높이 솟아올랐고, 원유와 함께 추출된 오염된 물은 저수지에 그대로 방치되어 있는 모습을 확인할 수 있었다. 놀라운 것은 이런 원유 채굴 현장의 지근거리에 소떼들이 풀을 뜯어 먹고 있었으며 그리고 또 근교에 현지 원주민들의 가옥들을 쉽게 확인할 수 있었다. 즉 원주민 가정들이 비위생적이며 반환경적인 상황에 그대

원유와 함께 추출된 각종 폐수를 담아놓은 저수지(왼쪽), 인근 지역의 소떼와 가옥. ⓒ이태혁

로 노출되어 있는 것이다.

에콰도르 정부는 신헌법을 통해 파차마마(mother of the Earth)로 자연을 중시하고, 또한 좋은 삶(buen vivir)인 수막카우사이(Sumak Kawsay)를 내세우며 인간과 자연과의 통합과 조화로운 관계를 전면에 표방했다. 하지만 상기 사진에서 확인할 수 있듯이 그 이면에는 중국발 자본주의 미명 아래 에콰도르 좌파 정부가 편승한 모습이다.

이러한 에콰도르 아마존 지역의 현실을 대면하고 나서 먹먹한 마음으로 솔로몬의 움막으로 몸을 옮기며 그네들의 삶을 확인할 수 있었다.

빈손으로 갈 수 없어 코카 시내에서 구입한 음식물 및 식자재 등으로 양손을 무겁게 해서 전달을 했다. 하지만 와오라니 부족, 솔로몬 가족의 환대 가운데 자본의 '냄새'가 풍겼다. 춤과 노래 등 그네들의 전통 공연 후 공예품을 가지고 와서 구입을 권하는

야수니 국립공원 나포 강의 노을. ⓒ이태혁

그네들의 손에 머쓱함도 있었지만, 이내 본인의 마음 한켠에는
쓸쓸함이 자리 잡았다.

그래도 원주민 움막에서 무사히(?) 벌레들의 '공격'을 피하
고 다시금 코카 지역으로 나왔다. 에콰도르 아마존 지역 내 개발
을 위해 지역을 구분한 푯말을 보며 누구를 위해 태고의 땅인 아
마존 지역을 이렇게 구분 짓고 분류하며 개발을 하는지 묻고 또
물었다.

우리 팀은 이제 조금 '더' 관광객 모드로 야수니 국립공원 안
으로 들어가 그래도 여전히 멋지고 또 귀한 대자연과 조우했다.
그 거대한 자연의 장관이 눈앞에 펼쳐졌다.

우리는 각자 그리 속으로 기도했으리라, 이 자연이 우리 세대

와오라니 부족의 한 가족과 움막 앞에서. ⓒ이태혁

그리고 그 다음 세대 그리고 그 다음, 그 다음, 그 다음에 이르기까지 온전히 보전되기를. 우리들은 한 세대로 현재를 살아가며 곧 다가올 미래에는 또 다른 누군가의 현재가 되겠지만, 이 자연은 처음부터 뿌리 내린 그 자리에 그대로 있기를.

__파나마 구나얄라 표류기

이정은

구나의 아이들. ⓒ이정은

"남편이 꼴보기 싫어지면요? 더 이상 같이 살지 않으면, 헤어지면 되죠."

파나마시티에서 300킬로미터나 떨어진 수풀로 우거진 굴곡진 습지를 지나서야 겨우 도착할 수 있는 카리브 연안의 산블라스에서 만난 구나얄라(Guna Yala)의 한 여성이 덤덤한 목소리로 내게 답했다. 오래된 체제, 종교, 믿음은 어쩐지 보수적이고, 엄격한 질서와 통제에 개인의 자유, 특히 여성의 권리와 이익이 억압될 것만 같은 착각은 내 편견이었을까? 구나얄라에서 여성은 소외받는 존재도 아니고, 여성은 남성과 동등하게 대우받는다. 교육이나 정치에 있어서도 여성은 남성과 똑같은 기회를 부여받고, 가족 구성원들 사이에서는 물론 공동체 내에서도 그렇다. 여성이 처음 월경을 하고 결혼을 하는 날에 마을의 작은 축제를 열 정도니, 오히려 여성이 공동체의 중심이라는 인상을 준다.

파나마란 나라 안에 이렇게 또 다른 세계가 있을 줄은 상상도 못했다. 세계에서 제일 크다는 파나마 운하, 그리고 마이애미처럼 높게 솟은 파나마시티의 고층 빌딩들. 이게 내가 파나마에 가기 전에 가지고 있던 파나마에 대한 편협한 인상의 전부였다. 그 속에 원주민이나 아름다운 자연이 포함되지도 않았을 뿐만 아니라 자치권이 인정되는 독립주가 네 곳이나 있을 거라는 걸 누가 상상이나 할까. 이번 여름 콜롬비아-파나마 구간을 이동하는데 비행이라는 문명의 편리함을 마다하고 4박 5일에 걸쳐 파나마 지협의 근해를 따라 작은 보트를 타고 카리브해를 횡단하겠다는 무모하고도 다부진 결심에 대한 작은 선물이었을까? 구나얄라는 눈부시게 아름다운 에메랄드 빛 바다와 구나 민족의 고유한 문화가 잘 보존된 파나마의 숨겨진 보석이었다.

구나를 만나러 가는 경로는 실제로 산 넘어 산이라는 표현이 딱 어울릴 정도로 험하고 험하다. 하나는 콜롬비아 국경 인근에서 최소 4일이 걸리는 고속 보트 투어나 요트 투어를 통해 구나 열도로 접근하는 방법, 다른 하나는 3년 전 개통된 국도를 따라가 비탈진 습지산을 넘어 카르티라는 작은 항구까지 이동해 거기서 1~2시간 보트로 이동하는 방법이다. 파나마에서 오는 편이 시간적으로도 물리적으로도 더욱 편하기는 하지만, 콜롬비아에서 보트 투어를 하는 경우 구나의 사람들이 거주하고 있는 40여개의 섬 저마다의 크고 작은 차이를 관찰할 수 있다. 육지와 가까운 섬은 문명의 영향으로 위성 수신기를 어렵지 않게 목격할 수 있는 반면, 망망대해에 오직 한 가구가 살아가는 면적이 300평 남짓 되는 섬도 있다. 그런 작은 섬에서는 파도가 치는 방향에서 지면이 유출되면서 섬의 면적이 점차 줄어들다 사라지기도 하고, 섬의 위치가 이동하기도 하는 경우도 부지기수다. 실제로 우리가 하룻밤 해먹을 치고 머물렀던 섬의 경우 파도가 지면을 쓸어가 현지 가족들이 살고 있던 초가집이 해안가에 가까워지면서 초가 기둥이 기울기 시작하고 있었다. 집을 새로 지어야 할지, 다른 섬으로 이동을 해야 할지를 고민 중이었다.

구나 열도에서 2번째로 규모가 큰 마을의 거리. ⓒ 이정은

나를 만나러 가는 길

　콜롬비아의 투르보(Turbo 또는 Necodli)라고 불리는 항구를 떠난 지 3일 만에 파나마 국경을 넘어 열도의 한 작은 섬에 정박했다. 날이 궂은 탓에 국경 지역(Sapzurdo)에서 하루를 더 머물러야 했던 탓이었다. 카풀가나와보다도 더 인구가 적은 이 국경 마을은 인구 200명이 채 되지 않고 육로가 없으니 섬이나 마찬가지라 생필품을 구하기 힘들고 초등학교밖에 없는 상황이다. 여전히 파도는 가팔랐지만 언제까지고 기다릴 수는 없는 노릇이었다. 보트는 출렁거리는 파도를 가르며 빠른 속도로 나아갔다. 어느 순간에 파도에 부딪혀 배도, 사람도 순식간에 튕겨나가도 이

상하지 않을 정도였다. 그렇게 어렵게 구나 사람들을 만날 수 있었다.

쿠나 혹은 구나는 콜롬비아와 파나마 해안가와 섬에 걸쳐서 거주하는, 구나어를 사용하는 민족을 일컫는다. 우리가 방문했던 섬에는 약 90가구 정도가 살고 있었는데, 원두막 형식의 집들이 줄지어 있었고, 콘크리트로 지어진 건물은 학교와 일부 공동체 건물과 운동장을 제외하고는 찾아볼 수 없었다. 전기는 태양열을 사용하는 방식으로 등과 같은 최소한의 필요한 전력만을 충당해서 사용하는 시스템이었다. 이마저도 모든 집이 가진 것은 아니었는데, 현지인에게 물어보니 국제 NGO의 지원 사업이었단다. 일정 규모가 되는 섬 중 일부에 태양열 발전기를 설치해 줬다고 설명했다. 짚으로 지어진 검소한 집들 사이에 직사각형으로 각진 태양열 집열판은 단연 이국적인 풍경이었다.

동네의 골목골목 어렵지 않게 구나의 전통 자수 활동 몰레(Mole)를 볼 수 있었다. '옷'이라는 뜻의 몰레는 오늘날에 그들의 주요 수입원 중 하나이다. 자수 물고기, 원숭이, 각종 동물들과 기하학적 무늬를 형형색색의 실로 수작업을 하게 되는데 그들의 블라우스와 치마, 머리띠를 만드는 데 쓰인다. 실제 당시에 처음 방문한 섬의 경우 구나 여인들의 절반이 몰레를 두른 전통적인 복장을 고수하고 있었다. 현대적인 의복을 한 경우에 기초적인 스페인을 구사했지만, 전통적인 복장의 여성들의 경우 대부분이 경계의 눈빛이나 태도와 함께 자국의 언어로만 대꾸를 할 뿐이었다.

구나 사람들은 도대체 어디서 온걸까?

구나는 스스로를 '사람'이라는 뜻을 가진 둘레(Dule) 또는 툴레(Tule)라고 자칭한다. 사실 파나마는 원주민과 원주민 혼혈 인구가 전체 인구의 20%에 달하는 비교적 높은 비율의 원주민들이 사는 나라다. 그중 산블라스 열도(San Blas archipiélago)의 구나 얄라 자치 구역(Comarca Guna Yala)은 콜롬비아와의 국경을 맞댄 카리브해 지역의 360여 개의 섬을 가리킨다. 그들의 언어는 둘레야나(Dulegaya)라고 부르는데 직역하면 사람의 입이라는 뜻이다. 스페인어를 구사하는 인구는 섬 인구의 5%도 채 안 된다. 구나의 뿌리에 대한 가장 유력한 설은, 스페인 정복자들이 도착했을 때 본래 콜롬비아 북부 지방과 현재 파나마의 다리엔 지역에 거주하던 민족이라는 것인데 기본적으로는 스페인 정복자들의 침입, 멸시와 학대를 피해서 이주했다는 것이다. 이외에도 식민지 시절 중미 카리브 지역의 흑인 인구(Mosquito)의 증가에 따라 이주를 했다는 설도 있다. 또 다른 설은 중앙아메리카의 치비찬(Chibchan)이라고 불리는 부족이 남아메리카로 이주하는 과정에서 구나도 동쪽으로 이주했다가 1800년 외부인의 침입을 피해, 또 섬 지역의 상품 교역 기회를 장악하기 위해 점차 구나 군도로 이주해 정착했다는 것이다. 최초 사료로는 스페인 탐험가 알폰소(Alfonso de Ojeda)와 바스코(Vasco Nunez de Balboa)가 1500년에 콜롬비아를 여행할 때 우라바(Uraba) 만에서 구나와 접촉했다는 기록이 남아 있다.

이후 한때 스코틀랜드 탐험가들은 구나 열도의 동부에 신세

섬들을 오고가는 데 이용하는 구나 사람들의 교통수단. ⓒ이정은

계(New World)라는 식민지를 건설하려는 시도를 했지만 1707년 자금 부족으로 그 시도가 무산되었다.

구나의 자치권 획득 과정

1870년 파나마가 콜롬비아로부터 독립하기 이전까지 현재의 구나는 현재의 동쪽 해안가(Darien, Colon)까지 더 넓은 영토(Darien, Colon)와 하나의 자치권을 가지고 있었다. 하지만 1903년 신생 국가 파나마는 이와 같은 자치권을 폐지하였다. 이후 바나나 농사꾼, 금 광부, 양식업자 등이 산블라스에 무분별하게 들어오면서 구나의 불만이 고조되었다. 파나마 경찰과의 갈등이 고조되는 가운데 1925년 미국 정부의 후원을 입은 민족의 지도자 'Iguaibilikinya Nele Kantule of Ustupu'가 이끈 구나 혁명의 성공과 함께 툴레 공화국(Republica de Tule)의 설립을 선언하지만, 이는 3일 천하에 그치고 만다. 이후 파나마 정부는 구나의 관습을 인정하고 평화조약을 제안하는 등 화해의 손길을 내밀었고, 1938년 구나얄라는 파나마 정부와 영토권과 자치권을 허용한다는 조건 아래 협약을 맺고, 구나 의회에 의해 자치를 실시하기로 결정한다. 현재까지 구나는 자체 의회를 가지고 있을 뿐 아니라 49개의 소지역별 대표가 각각의 해당 지역을 관할하고 있다.

사힐라(Sahila)라고 불리는 최고 권력자는 정치적, 의식적 지도자로서 구나 사람들에 의해 선택된다. 사힐라는 음악을 통해 선조들의 메시지와 기억들을 사람들에게 전달하는 역할을 한다. 구나의 역사, 법, 전설이 모두 구두로밖에 남아 있지 않기 때문에 그 역할이 아주 중대하다. 일주일에 2번씩 'Onmaked Nega', 또는 'Ibeorgun Nega'라고 불리는 회의의 집에 모여 공동체의 안건을 논의하는 동시에 지혜로운 성인으로서 마을의 지도자 역할을 하게 되는 것이다. 그를 도와 두 명의 대변인이 그의 말을 해석하거나 제안를 하기도 하는데 이는 그가 사용하는 어휘가 고급의 전문화된 단어이기 때문이다. 49개의 공동체가 각각의 사힐라를 가지며, 이들 위에 최고의 사힐라(Great Sahila)가 이끄는 구나총의회가 자치 지역(Comarca)의 정치적 의사결정을 내리게 된다.

구나의 아이들

1938년 협약 조건 중에 하나는 아이들의 경우 파나마 정부의 교육 시스템에 통합시킨다는 것이었지만 현재 이 조항은 자치권과 자치 조직을 인정한다는 조항과 위배된다는 점에서 '불법'으로 간주된다. 구나 아이들은 섬이 일정 인구 규모가 넘어 초등학교가 있는 경우, 그곳에서 파나마 공교육 시스템의 일부 과정을 통해 스페인어를 배우는 등의 기회를 얻을 수 있지만 매우 제한적이다. 섬에서 나와 주요 도시에 정착한다고 해도 부모들이 전통적인 생활방식과 사고방식을 고집하는 경우가 대부분이라서 아이들이 학교에 다니지 않고 바로 공예품 제작 및 판매 등 생업에 바로 뛰어드는 경우를 어렵지 않게 목격할 수 있다.

구나의 인구 및 가족 구성

공식적으로 집계되는 구나의 인구는 32,000명이다. 하지만 실제로 구나 코마르카 영토 외에 파나마시티 또는 콜론 지역, 콜롬비아의 일부 해안가에 거주하는 인구까지 포함하면 그 인구가 125,000명에 달할 것으로 추정된다. 구나 사회는 여성의 역할이 크고 여성을 중시하는 모계 사회다. 결혼을 하는 경우 남자가 신부의 집에서 처가살이를 하는 것이 일반적이고, 남성들은 결혼 후 여성의 성을 따라가는 것이 보통이다. 섬 공동체에서 음주는 엄격히 통제되는데, 여성이 태어나거나 첫 월경을 시작한 날, 그리고 결혼을 하는 날에 한해서 해당 가족이 마을 사람들을 초

대해 축제를 열 수 있다. 이때에 비용은 해당 가족이 모두 지불해야 한다. 따라서 경제적 형편이 허락하는 경우에 한해서 축제를 열 수 있다. 축제 날 전 구나의 전통 발효주를 만들어 시음을 하는데, 그 맛이 좋지 않은 경우에는 축제를 미루기도 한다.

구나의 경제

구나의 경제의 한 축은 몰레와 같은 수공예품이고, 다른 한 축은 농업과 어업에 있다. 구나 사람들은 역사적으로 플라타노, 코코넛, 랍스터와 같은 자체 생산품을 외부와 교역을 하여 필요한 식품 및 공산품들을 얻어 왔다. 그들은 과거부터 콜롬비아, 멕시코, 중국과의 교역에 따른 세금을 내지 않는데다가 경제적 성공을 중요시 여기는 전통을 가지고 있다. 섬의 주요 산품인 코코넛을 무역의 화폐로 삼아 콜롬비아와 필요한 물자를 교환하며 본토에 의지하지 않고 자체적인 무역 활동으로 살아남을 수 있었던 것도 그중의 하나다. 오늘날에는 수도로 이주한 구나가 몰레와 같은 전통공예품을 판매하는 일에 종사하면서 수공예품이 구나의 주요 수입원으로 자리 잡았지만, 이렇게 구나의 경제적 기반이 될 교역이 없었다면 다른 원주민 공동체와 다르게 구나의 독립성을 유지하고 나아가 현재까지 구나가 살아남았을 수 있었을까? 현지에서 만난 친구는 구나 원주민이 현재까지 그 가족 및 공통체 중심 전통을 유지해 온 데서 그들의 비결이 있다고 설명했다. 그리고 종종 인근 바닷가에서 마약을 발견하는 횡재를 얻기도 한다고 귀띔했다.

겨우 한두 가구가 사는 구나 열도의 작은 섬. ⓒ이정은

　날씨에 영향을 받아 4일에서 일주일이 되버린 파나마의 보트 투어를 겨우 마치고 파나마에 도착했다. 요트와 유사한 세일링 보트 투어(Sailing Boat)를 예상했었는데, 착각을 하는 바람에 콜롬비아에서 파나마까지의 섬들을 스피드 보트로 이동해 가면서 섬에서 머무는 방식의 San blas Adventure 투어를 택하게 됐다. 비용이 약간 더 저렴하고, 기간이 짧다고 생각해서 내린 결정이었는데 결과적으로는 비용만 절약한 셈이 됐다.

　이 여행을 고민하고 있다면 보트 투어의 경우 요트에 비해 정말 언제 어디서라도 사고가 날 수 있는 야생(?)적이고 모험적인 길들여지지 않은 루트라는 점을 감안하기를 바란다. 보트에서 나를 포함한 3명이 파도로 인한 강한 충격으로 허리와 등을 다쳤다. 반면에, 요트는 그날 그날의 목적지가 정해져 있지 않아서 훨씬 자유롭게 여행할 수 있으며, 배 안에서 숙식을 해결하게 된다. 섬에 머무르는 시간이 주어지기는 하지만, 보트 투어에 비해서 배에 머무는 시간이 더 길다.

언급한 안전 문제만 빼면, 중간 중간에 섬에서 원주민들과 함께 머무르며 그들의 삶을 엿볼 수 있었던 것도 보트 투어의 가장 큰 장점이었다. 오랫동안 이 투어를 진행해온 이 여행사는 구나인들과 아주 좋은 관계를 가지고 있다. 음식 및 숙소, 가이드도 현지인들의 도움과 참여로 이루어진다. 고된 여행이라는 점 때문인지, 이 루트를 밟는 여행자도 적은 편이고, 아직까지는 개발의 손길이 닿지 않는 곳이라서 '원시성'을 간직한 아름다운 카리브해의 400여 개의 섬들을 직접 마주할 수 있었던 아주 특별하고 희소한 기회다.

__마야 기록의 흔적을 찾아가는 길

정혜주

마야의 중요한 성지 파스쿠알 아바흐. 아바흐는 마야어로 '돌'이라는 뜻이다. ⓒ정혜주

마야 문명은 문자가 체계적으로 발달한 몇몇 안 되는 고대 문명 중의 하나이다. 그에 따라 마야 문명은 수많은 기록을 남겼다. 이사파(Izapa, Chiapas)에 남겨진 돌에 새겨진 그림에서부터 시작하여, 수많은 유적지에 남겨진 비문들, 그리고 채색토기에 남겨진 이야기들, 그리고 마침내 책으로 제작한 고문서들을 남겼다. 스페인의 정복자들이 와서 제일 먼저 한 일은 이러한 기록들을 지우는 것이었다. 그들은 눈에 보이는 건물, 조상과 비석들을 파괴하고 고문서를 불에 태웠다. 그러나 마야 사람들은 기록의 사람들이다. 그들은 새로 배운 알파벳을 이용하여 그들이 기억하고자 하는 것을 남겼다. 유카탄에서는 『칠람발람(El libro de los libros de Chilam Balam)』, 칵치켈(Kaqchikel) 사람들에게는 『솔랄라의 기억(La Memoria de Solal)』, 그리고 키체(K'iche) 사람들에게는 그 유명한 『포폴 부(Popol Vuh)』가 있다.

과테말라의 치치카스테낭고(Chichicastenango)는 포폴 부가 발견된 곳이다. 7월의 어느 일요일 새벽, 현지 교민 김홍찬 씨의 차에 올라 희미하게 밝아지는 하늘을 보며 '포폴 부'를 생각하며 달렸다. 그러나 1시간쯤 달려서 도착한 곳은 익심체(Iximche, Chimaltenango)였다. '아차, 여기가 마지막 마야 왕국 중의 하나가 있었던 곳이구나.'

익심체 유적의 입구에서 뜻밖의 기록을 만났다. 상형문자가

익심체의 입구. 왼쪽에 2012년 12월 21일에 세워진 비석이 보인다. ⓒ 정혜주

쓰인 비석이 서 있었던 것이다. 비석의 내용은 창조의 날부터 칵치켈 왕국 마지막 왕의 죽음, 그리고 식민지 시대를 거쳐 오늘에 이른 역사를 간략히 기록한 것이었다. 기록된 마지막 날짜는 2012년 12월 21일이었다. 마야 달력의 가장 긴 주기인 13박툰이 끝나는 날이자 새로운 박툰이 시작하는 날이다! 즉 마야 상형문자로 쓰인 마지막 기록이지만, 마야 문자를 되살리는 새로운 시작이 될 것이다.

길 양쪽으로 펼쳐지던 옥수수밭이 사라진 사이에 구름을 걸고 우뚝 솟은 산들이 나타나더니 문득 광활하게 펼쳐지는 물이 보인다. 산들이 둘러싸고 있는 아티틀란(Atitlan) 호수이다. 아티틀란의 주위에서도 칵치켈 마야의 역사가 수없이 세워지고 스

치치카스테낭고의 시장, 현란하게 수가 놓인 직물들과 화려한 색깔의 가방들.ⓒ정혜주

러졌을 것이다. 그런데 이곳의 사람들은 뜻밖에도 스페인 사람들이 들어온 이후의 역사를 남겼다. 『솔랄라의 기억』은 나라를 잃어버린 마야 사람들의 시각으로 식민지 마야의 역사를 담은, 현재까지 알려진, 유일한 기록이다. 아티틀란 호수는 회색의 하늘 아래 물결이 높이 출렁이고 있었다.

해가 질 무렵에 마침내 『포폴 부』의 마을, 치치카스테낭고에 닿았다. 마야 세계가 창조되었던 때부터의 이야기를 담고 있는 책이 발견된 마을답게 산토 토마스(Santo Toms) 성당 앞에서는 불을 지피고 향을 피우며 기도를 하는 마야 사람들이 가득했다. 대각선으로 보이는 또 다른 작은 성당 앞에도 불과 향을 피우며

산토 토마스성당 계단에서 마야사람이 불을 붙이고 있다. ⓒ정혜주

기도를 하고 있었다. 중앙의 광장에는 천막을 친 가게들이 다닥다닥 붙어 있는데, 화려한 채색의 마야 직물로 만든 옷, 가방 등이 진열되어 있었다. 치첸이사 또는 티칼 등의 화려한 유적으로 알고 있었던 마야 문화는 아니지만, 그들이 스페인의 후예라고는 더욱 말할 수 없는 어색한 조합을 이루고 있는 문화였다.

이 어색한 조합은 이곳의 가장 중요한 성지 파스쿠알 아바흐(Pascual Abaj)에서 생생하게 느껴졌다. '아바흐(Abaj)'는 마야어로 '돌'이라는 뜻이다. 파스쿠알은 스페인어 이름이다. 이름에서부터 어색한 어우러짐이 느껴졌다. 십자가와 마야의 유물들이 뒤섞여 적당히 놓여 있는 초라한 박물관에는 정체불명의 신, 막시몬(Maximon)이 술병과 콜라 깡통, 그리고 돈을 앞에 놓고 있었고, 그 옆에는 불을 들고 있는 마야 사람이 조각된 자그마한 비석이 있다. 박물관을 나와 오솔길을 한참 올라가니 산 위쪽에서 연기가 퍼지고 있는 사이로 십자가들이 보였다. 가운데에 불을 지피는 둥근 제단이 있고, 네 방향에 작은 십자가의 제단이 각각 세워져 있다. 그중 하나, 동쪽을 바라보며 서 있는 작은 석상이 하나 있었다. 바로 파스쿠알 아바흐였다. 기도를 드리는 향불이 앞에 있고 주위와 석상이 검게 그을린 것으로 보니 수많은 사람들이 그 앞에서 의례를 했던 모양이다. 이는 마야, 더 크게는 메소아메리카 문명의 네 방위 의례의 모습이다. 네 방위를 다스리는 자, 그가 마야 사람들이 살도록 하늘을 떠받치고 있는 신들의 중심인 마야의 왕이며, 최초의 마야 사람이다. 그런데 지금은 그와 네 방위의 신들이 십자가로 상징되고 있는 것이다.

어두워지는 산을 내려와 치치카스테낭고에 들어서니 거리 한쪽의 교회에서 크게 음악이 울리고 있다. 그리고 '성경 그룹, 경계에 선 세대(Club Biblico, Generacion Fronteras)'라는 모임을 마친 청년들이 교회에서 우르르 쏟아져 나오고 있었다.

___마야 원주민들의 사람 사는 세상이 되었으면……

최영민

산토 토마스 성당 앞에서 꽃을 파는 모습. ⓒ최영민

치치카스테낭고는 과테말라 수도에서 북서부 방향으로 약 145킬로미터 떨어진 곳에, 22개의 주(州) 가운데 하나인 키체 주 남부, 해발 1,965미터 고원지대에 위치하고 있다. 이 지역은 마야인의 후손이 전통적인 생활방식으로 살아가는 공동체가 유지되고 있는 곳이라고 해서 솔깃한 마음에 가보기로 결심했다.

이곳 치치카스테낭고에서는 매주 목요일과 일요일 대규모 전통 수공예품을 파는 가장 큰 마야 원주민 전통시장이 열린다. 과테말라를 찾는 외국인 관광객들이라면 이곳에 들르지 않을 수 없을 만큼 입소문도 제법 나 있는 곳이다. 나 또한 과테말라가 처음이기도 하고, 기념품도 사고 싶은 마음에 목요일 아침 후배가 수소문하여 예약을 해둔 여행사 승합차에 몸을 실었다. 친절하게도 나를 집 앞까지 모시러(?) 오는 바람에 나는 후배의 배웅을 받으며 여행길에 올랐다.

혼자 하는 여행인데다가 언어 소통은 아주 간단한 거 빼고는 할 줄 아는 것이 없는 나로서는 무조건 바디 랭귀지라는 강력한 무기와 '눈치'와 '감'만을 믿고 홀로 나선 길이었다. 그러고 보면 이 후배 녀석은 나의 생존 능력을 너무 과도하게 믿는 것 같기도 하다. 내가 집 밖에 산책을 잠시 나가는 것도 불안해하던 녀석의 모습은 온데간데없이 나를 타지로 혼자 보내버린 것이다! 집 밖 가벼운 산책에도 불안전한 치안 상태로 전전긍긍해하

치치카스테낭고의 도심 주거지 전경. ⓒ 최영민

던 녀석의 모습을 기억해 볼 때 이 같은 하드 트레이닝을 선택한 후배의 엉뚱함이란 가히 연구 대상이다. 여하튼 과테말라 시티를 출발한 승합차는 안티구아에서 여행객을 꽉 채우고 3시간 정도 후에 치치카스테낭고에 도착했다.

　눈치껏 사람들을 따라 걷다 보니 서로 마주보며 위치한 두 개의 소박한 하얀 성당들 사이의 공간에 시장이 있었다. 북적이는 사람들 사이에서 어디로 가야 하나 둘러보다 시장 앞 성당 계단 군데군데 많은 사람들이 앉아 있는 것을 발견했다. 나는 그곳에 올라가면 시장을 내려다 볼 수 있겠다 싶어서 냉큼 올라가 보니 그 성당 이름이 산토 토마스 성당(Iglesia de Santo Tomás)이란다.

　눈에 띄는 것은 꽃 무더기들, 성당 앞에 뭔가 태워 솟아나는 흰

치치카스테낭고 성당. ⓒ 최영민

연기, 또 한편에서 연기 나는 깡통을 흔들고 있는 원주민들이다.

이해가 안 돼서 드는 생각, "저 꽃은 누가 사나, 뭐에 쓰려고? 왜 성당 앞에서 뭘 태우고 그러지? 저 아재는 뭐하는가? 쥐불놀이 하는가?" 속 시원하게 물어볼 수 없으니 사람 사는 세상에선 손짓 발짓으로 웬만하면 다 통한다는 내 소신이 지금 이 순간만큼은 쓸모없음을 '처절히' 확인해야 했다. (나중에야 그곳이 마야 신전이 있었던 곳이고 신에게 바치기 위한 꽃을 파는 것이고, 제물을 태워 신에게 올린다는 것을 알았지만 말이다.)

성당 계단에서 일어나는 일들을 당연히 받아들이고, 어둑한 성당 안에서도 제단에 촛불을 켜고 무릎 꿇어 간절히 기도하는 원주민들을 보며, 우리가 촛불 밝히고 음식 차려 제를 지내는 것과 비슷하다는 생각이 퍼뜩 든다. '가톨릭과 원주민 전통 의식이 같이 섞여 있는 것이겠지. 침략 세력의 탄압에 전통 의식을 지키고 유지하는 방법을 찾은 것이구나'라는 내 나름의 결론을 내려본다.

마야인의 전통 의식이 어떤 것인지를 경험하지 못한 것을 아쉬움으로 남기고 나는 다시 시장 골목으로 향했다. 원주민들이 이고 지고 와서 펼친 시장통은 한마디로 만물상이다. 음식에, 곡물, 가축, 채소, 과일, 공예품, 수예품, 그림, 농기구에 생활용품까지 없는 게 없다. 거기다가 알록달록 화려한 색동의 전통 의상을 입고 온 원주민과 여행객이 모여 북적북적하다. 전통 의상을 입은 꼬마소녀들이나 아가씨들을 보면 '참 곱네' 소리가 절로 난다.

우리나라 오일장을 떠올리게 하는 다채롭고 강렬한 색감을 자랑하는 골목으로 들어서니 화려한 색실로 직접 짰다는 스카프, 옷, 가방, 모자 등등 예쁜 수예품, 공예품들이 눈길을 끌고, 관심을 보이는 여행객에게 호객 행위로 시끌벅적하다. 시장 난전이 가족 생계와 연결되어 있어서 그런지 어린 소년 소녀 꼬마 행상들도 제법 많다. 맑은 눈을 하고 물건을 파는 꼬마 행상들하고는 가격 흥정하기가 어렵지만, 대부분 물건을 고르면서 가격 흥정은 자동으로 이뤄진다.

시장이 파할 무렵 마주친 원주민 행상 아주머니가 들이댄 장식 식탁보에 아무 생각 없이 얼마냐 물었을 뿐인데, 끈질기게 따라온 정성으로 반값으로 구매하게 되었다. 싸게 사고도 즐겁지 않은 이 감정.

치치카스테낭고 시장 풍경. ⓒ최영민

　서로의 생활과 생계를 이어주는 원주민 시장이 맞겠지만 여행객에게 전통이라는 이름으로 기념 상품 판매 시장이 되어간다는 느낌, 그들의 터전과 문화를 대를 이어 지키고 살아온 원주민들이 스쳐지나가는 이들에게 전통이라는 이름을 팔아야만 살아갈 수 있는 생활, 상품으로서의 전통? 왠지 쓸쓸함과 안타까움이 든다.

　한 차례 시장을 둘러보고 길거리 식당에서 팥죽처럼 보이는 것과 토르티아로 간단히 점심 요기를 하고, 북적이는 시장을 벗어나 조용한 영혼의 공간인 마을 묘지를 가보기로 결정했다.

　시장을 나와 언덕 아래로 길을 따라 찾아가다 제법 멀지 싶은 감에 지나가는 뚝뚝이를 잡아탔다. 아! 그런데 걸어와도 충분했

치치카스테낭고 시장 밖 마을 전경. ⓒ최영민

던 짧은 거리! 순간 요금 깎았다고 좋아하던 내 눈치와 감을 후회할 도리밖에 없다. 마을 언덕 아래 위치한 마을묘지는 다양한 모양으로 밝고 환하게 색칠되어 죽은 자 영혼의 또 다른 집 인 것 같다는 생각. 여기서도 꽃과 음식을 태우는 의식이 이루어지고 가족 소풍 왔나 싶은 분위기에 우리가 보통 느끼는 삭막하고 으스스한 공동묘지의 느낌이 아니었다. 말 그대로 산 자와 죽은 자가 함께할 수 있는 묘지공원이었다. 복잡한 시장통보다는 이곳이 더 편안함을 느끼니 내 취향이 독특한 것인가?

　스쳐지나가는 여행객일 뿐인 내가 이 짧은 시간에 얼마나 많은 원주민들의 삶을 알겠냐마는 공존이라는 말이 머리에 떠돈다. 자신들의 전통의식과 가톨릭, 전통적인 생활과 생계를 위해 전통을 파는 상품 시장, 삶과 죽음이 같이 공존하는 곳.

긴 세월 속에 살아남기 위해 점차 퇴색되고 변질되었더라도 자신들의 문화와 공동체 삶을 지켜온 이들의 삶이 존중되고 사람 사는 세상으로 기억되었으면 좋겠다.

__티칼과 티야살

정혜주

피라미드와 부속건물, 비석과 제단, 공놀이장 등이 모여 있는 전형적인 '마야의 아크로폴리스'이다.

과테말라시티에서 밤 11시경에 버스를 타고 밤새도록 덜컹 덜컹 달리다가 눈을 뜨면 떠오르는 햇살 아래로 드넓은 호수가 펼쳐진다. 페텐 이츠아(Peten Itza) 호수이다. 호수의 중간에 있는 플로레스(Flores)는 현재 페텐(Peten)이라고 부르는 넓은 지역에서 흥망하였던 수많은 마야 도시들을 만나러 가는 입구에 있는 마을이다. 전 세계에서 몰려드는 관광객들은 여기서부터 그들의 고대 도시 방문을 시작한다.

플로레스에 온 관광객이 빼놓지 않고 방문하는 곳은 티칼(Tikal)이다. 티칼은 마야 문명이 화려하고 찬란했던 고전기의 가장 큰 도시이다. 열 명 정도가 타는 작은 승합차가 유적지 입구에서 멈추었다. 들어가는 시각표를 받기 위해서이다. 유적 앞까지 약 8킬로미터의 거리를 20분 이상 걸리게 천천히 달려 유적 입구에서 시각표를 내놓아야 한다. 주위의 동물들을 방해하지 않기 위해서라고 한다. 크고 작은 피라미드가 3,000여 개가 있다는 광활한 유적지는 동시에 '생태 공원'이기도 하다는 것. 작은 승합차는 느릿느릿 달렸다. 전남 화순에 '고인돌 공원'을 지정하면서 관광객들의 편의를 위해 고인돌 사이에 자동차 도로를 낸 우리나라의 행정가들보다 훨씬 낫다는 생각이 들었다.

관광객들의 뒤를 따라가며 작은 흙더미를 오르다가 마지막에는 계단을 밟고 올랐다. 피라미드의 뒷면으로 올라서 주위를

새벽 5시경의 플로레스 호수. ⓒ정혜주

둘러보니 녹음이 펼쳐진 마야의 세계가 눈에 들어왔다. 그리고 건물 옆에 나 있는 좁은 공간을 돌아 앞으로 나서니 죽 늘어선 비석과 제단들, 지붕이 무너진 건물들, 그리고 건너편의 또 하나의 피라미드가 영화처럼 펼쳐졌다. '잃어버린 세계'이다! 기원전 350년경부터 티칼의 왕이 묻히기 시작하여 고전기 마야 문명이 쇠퇴한 1000년 전후까지 왕가의 사람들이 묻힌 곳이다. 물론 마야 문명 피라미드의 주된 역할은 신전 및 행정의 중심이었으므로 선조들이 묻힌 이곳은 신성한 장소이자 동시에 정치의 중심지였다. 티칼에서 중심지가 이곳만은 아니다. 곳곳에 세워진 거대한 무더기들이 모두 신전과 부속건물들이 모여 있는 '잃어버린 세계'와 같은 아크로폴리스(Acropolis)들로, 역시 왕족들이 묻혀 있는 중심지로 추정된다. 발굴 책임자인 고고학자 고메스(Oswaldo Gomez)에 의하면 현재 발굴되어 일반에게 공개된 지역은 조사된 유적지 총면적의 10% 미만이라고 한다. 이미 전 세계의 관광객을 불러들이고 있으니 고고학의 기술이 발전하기를 기다리며 천천히 발굴한다는 것이다.

'잃어버린 세계'를 떠나 페텐 이츠아의 잔잔한 호수 위를 움직이지 않는 듯 조용히 저어가는 배를 타고 호수 안쪽으로 뻗어나온 타야살(Tayasal)에 도착하였다. 유카탄 반도 북쪽 끝에서 마야 문명의 마지막 시기를 화려하게 장식했던 치첸이사(Chichen Itza)를 세운 주인공들이 자신들의 고향으로 돌아와 세운 마지막 도시이다. 이곳은 1697년 3월 13일, 마르틴 데 우루수아가 배에서부터 포격을 한 뒤에 상륙하여 마야 사람들의 마지막 피라미드와 제전 중심지를 파괴하였다. 그리하여 마침내 마야 문명은 막을 내리고 메소아메리카 전체가 스페인 식민 지배 아래에 놓이게 되었다.

유적의 입구에 들어서면 녹색의 풀로 뒤덮여 꽤 높은 언덕을 이루고 있는 피라미드가 보인다. 전 세계에서 몰려든 관광객으로 그 넓은 유적지가 부산스러운 티칼에 비하면 이곳은 참으로 조용하여 고즈넉하기까지 하다. 피라미드에 올라서 물로 둘러싸인 주위를 바라보는데 문득 한 방향으로 나 있는 길이 보였다.

아무도 가지 않는 그 길을 따라가 보았다. 가끔 돌무더기가 있고 그 위로 풀이 덮여 있어서 피라미드에 이어지는 부속건물들, 또는 사람들이 살았던 주거지가 있었음을 짐작하게 할 수 있었다. 한참을 걸어가다 보니 길이 끝나고 둥글게 넓은 공간에 햇

빛이 비추고 있었다. 가운데가 움푹 파인 공간이 있고 그 위에
낯이 익은 비석이 서 있었다. 마야의 비석이다! 마지막 마야 사
람들은 비석에 어떤 기록을 남겼을까? 비석에는 아무것도 쓰여
있지 않았다. 비석의 뒷부분에 새겨진 것이 닳아 없어진 흔적과
구멍이 있었지만 전형적인 마야의 것은 아니었다. 나는 오랫동
안 비석을 바라보며 서 있었다. 그리고 주위를 둘러보았다. 주위
는 깨끗이 정리되어 있었지만 어떠한 설명도 없었다. 해가 조금
기울어지는 것을 느끼며 그 공간을 벗어나서 오솔길을 다시 걸
어 나왔다. 들어갈 때와 마찬가지로 아무도 나와 마지막 마야 사
람들과의 대화를 방해하는 존재는 없었다. 하긴, 그들이 무엇을
말할 수 있었을 것인가. 마야 사람들이 계속 존재할지에 대해서

도 확신할 수 없는 상황이 아니었던가. 그러나 스페인 사람들이 파괴할 수 있었던 것은 마야 사람들이 남겨놓은 건축과 물건들 뿐이었다. 파괴자들은 마야 사람들을 찾을 수 없었다. 그들은 이미 셀바 깊숙이 도망가 버렸다. 페텐의 숲은 건조하고 흙이 적은 유카탄 북부와는 다르다. 기름진 페텐의 흙과 풍부한 호수와 강의 물, 그리고 더운 날씨는 나무와 풀이 빽빽하게 자라는 환경을 만들었다. 스페인 사람들은 몇 년간 숲을 뒤졌다. 마야 사람들은 그 숲속에서 농사를 짓지 못하고 굶어 죽기도 했지만 스페인 사람들은 그들을 마을로 나오게 할 수는 없었다. 5-6년 후 타야살을 무너뜨린 스페인 사람들은 떠났다. 그러자 마야 사람들은 마을로 나왔다. 오늘날에도 이 섬에는 이츠아 마야어를 말하는 약 4000여 명의 마야 사람들이 살고 있다. 말없이 서 있는 타야살의 비석에서 끝나지 않는 마야 문명의 존재가 느껴졌다.

__티칼과 치첸이사 유적지를 중심으로

최명호

치첸이사의 '엘카스티요'. 멀리서 봐도 아름답지만 실제로 이 피라미드의 가파른 계단을 오르다 보면 그 규모가 놀랍다.

라틴아메리카는 비행기로만 15시간을 가야 한다. 갈아타기 위해 공항에서 대기하는 시간까지 계산하면 20시간 이상 걸린다. 게다가 기나긴 하늘 여행 뒤에도 언어와 문화가 너무나 달라 낯섦 속에서 거친 배낭여행을 해야만 한다. 하지만 이런 단점에도 원하는 것을 다 할 수 있는 라틴아메리카. 그중에서도 '인디애나 존스, 타잔' 놀이는 내게는 너무 매력적이었다.

라틴아메리카에는 아스테카, 마야, 잉카의 유적들이 즐비하다. 이름난 유적지뿐 아니라 아직 잘 알려지지 않은 유적지 또한 매우 많다. 또 중미의 일부와 아마존 지역은 밀림 지대이다. 밀림을 헤쳐 나가는 탐험 여행에서 다양한 레포츠를 즐기는 동시에 밀림 안에 숨겨진 유적까지 발견한다면, 이것은 인디애나 존스와 타잔의 합작품이며 생애에 몇 번 겪기 어려운 희귀하고 즐거운 추억이 될 것이다.

그중에서도 멕시코 유카탄 반도의 치첸이사(Chichen Itza)와 과테말라의 티칼(Tikal)은 '인디애나 존스, 타잔' 놀이의 정수를 보여준다. 관광이 아니라 탐사나 탐험이란 단어가 어울릴 정도이다. 먼저 치첸이사가 자리한 유카탄 반도는 한 편의 자연 다큐멘터리이다. 너무나 다른 느낌의 공간과 색깔이 공존하는 유카탄 반도는 관광객에게 종합선물 세트와도 같은 곳이라 하겠다. 천혜의 관광지, 칸쿤의 카리브해도 치첸이사의 장엄함과 신비

정글에서 바라본 티칼의 신전.

로움에는 비할 바 아니다.

　치첸이사의 입구를 지나다 보면 마법과 같이 시야가 확 트인 평원이 나타나고, 그 안에 우뚝 솟은 건축물이 방문객을 반긴다. 마치 전설의 한 장면 같다. 무수한 유적들 가운데 단연 돋보이는 것은 바로 '엘 카스티요(El Castillo)'라 불리는 건축물로, 하단부 한 변 길이 50여 미터에 높이도 30미터나 되는 큰 규모의 피라미드이다. 이 피라미드는 하늘을 관측하는 천문대로서 건축물 자체가 마야의 시간관과 세계관을 나타낸다고 한다. 유적지의 구조를 이해하면 마야의 모든 신비가 풀릴지도 모를 일이다. 혹시 아는가? 영화에나 나올 법한 보물을 찾을 열쇠를 발견할지도.

　'엘카스티요' 성과 더불어 눈길을 끄는 것이 바로 고대 구기장이다. 마야인들의 축구, 족구 혹은 발로 하는 농구라 할 수 있는 '공놀이(후에고 데 펠로타)'가 벌어진 곳으로, 무엇보다 놀라운 것은 바로 그 규모이다. 길이 147미터에 폭 47미터로 일반적인 축구장 크기의 두 배에 가깝다. 현재도 그렇지만 당시에도 수많은 사람들이 열광하며 경기를 즐겼을 것으로 짐작된다.

치첸이사의 유적들이 장엄하고 화려하고 아름다우며 신비롭다면, 과테말라의 티칼 유적은 신비 그 자체이다. 물론 그 규모도 마야 문명의 유적지 중 단연 으뜸이다. 아무도 예상하지 못한 밀림 한가운데에 펼쳐지는 피라미드 도시는 '신비롭다'거나 '영화 같다'란 단어와 너무나 잘 어울린다.

티칼이 위치한 페텐(peten)은 밀림 지역으로 정글에 사는 온갖 야생동물들을 만날 수 있다. 이 밀림 지역을 차로 40여 분 달리면 티칼 국립공원에 이르는데, 여기서부터는 직접 걸어서 유적지까지 가야 한다. 습식 사우나를 연상시키는 밀림과 무성하다 못해 약간 무섭기까지 한 울창한 숲, 처음 보는 이상한 모양의 벌레들과 함께하다 보면 티칼 유적지는 마치 환상처럼 모습을 드러낸다.

티칼은 고대 도시 유적지로 기원전부터 10세기 동안 유지되었으며, 10세기 이후 마치 전설처럼 주민들이 떠나게 된다. 남은 것은 일련의 석조 건축물뿐이다. 그들이 왜 사라졌는지에 대한 의문은 아직 풀리지 않고 있다. 티칼 유적에서의 추억을 좀 더 깊게 남기기 위해서는 제4신전에서 노숙하는 것도 그리 나쁘지 않았지만 현재는 불가능하다.

야생동물의 활동이 활발해지는 밀림의 밤에 초강력 밀림 모기를 쫓으며 세계 각국의 배낭족들과 이야기를 나누다 맞게 되는 일출은 평생 잊을 수 없는 경험 중 하나이다. 밀림 속으로 번져오는 햇살과 그 햇살이 피라미드 사이를 지나 잊힌 유적지를 비추면 티칼은 감추고 있던 또 하나의 얼굴을 보여주듯 빛과 그림자의 장관을 선물한다. 현재는 해 뜨기 전에 유적지를 돌아보거나 오후에 일몰을 지켜보거나 하는 두 가지 방법이 있다.

__식민 시기와 융합 종교의 현장: 멕시코 산크리스토발과
차물라 여행기

노용석

멕시코 치아파스 주의 산크리스토발에 있는 한 성당.

라틴아메리카에는 산크리스토발이라는 지명이 많이 남아 있다. 하지만 이 중에서 가장 나에게 친숙한 지명은 멕시코의 산크리스토발이었다. 멕시코의 산크리스토발은 남부 치아파스 주에 위치한 고산지대로서 과거 스페인 식민 시절의 도시 모습과 마야 문명이 어우러져 남아 있는 곳이다. 아마 한국에서도 많은 이들이 멕시코를 관광하며 산크리스토발을 방문했을 것이며, 여기서 다양한 경험과 추억을 담아갔을 것이다. 이 여행을 하기 전에, 산크리스토발은 나에게 치아파스에 속하는 한 지역이었고, 또한 치아파스는 사파티스타 무장투쟁이 발생한 지역이었다. 하지만 산크리스토발에 도착하여 여행을 하며 느낀 점은 사파티스타 무장투쟁이 오로지 시장가에서 팔고 있는 'EZLN' 티셔츠를 통해서만 확인할 수 있었다는 것과, 이보다 훨씬 더 많은 문화적 감흥과 충격을 느낄 수 있었다는 것이다.

여행은 멕시코시티에서 시작하였다. 멕시코시티에서 툭스틀라(Tuxtla)까지 멕시코 저가항공인 'Interjet'을 이용하여 두 시간을 날아온 후, 다시 툭스틀라에서 약 한 시간가량 버스를 타고 산크리스토발로 이동하였다. 이동하는 도중 특히 눈에 띈 것은 산크리스토발로 가는 여정의 주변 광경이었다. 약 한 시간 이동하는 동안, 구름은 나의 머리 꼭대기에 위치하였으나, 목적지에 도착할 무렵 구름은 나의 발밑에 떠다니고 있었다. 산크리스

산크리스토발로 가는 길. 머리 위에 있던 구름이 서서히 내려가고 있다. ⓒ노용석

토발은 해발 2,200미터에 위치하고 있으며, 이 높이를 측정할 수 있는 것은 주변에 떠다니는 구름의 위치가 어떻게 바뀌는가를 관찰하면 되었다.

산크리스토발에 처음 도착하여 느낀 것은 스페인 식민 시절의 모습을 상당히 많이 간직하고 있다는 것이다. 또한 고산지대인 만큼 상당히 기온이 낮다는 것이었다. 버스 정류장을 빠져나오자마자 볼 수 있었던 거리와 건물의 모습은 상당히 정감 어린 고풍적인 모습이었다.

도심의 센트로를 지나 우리 일행은 한 여행사에 들어가 짧은 투어를 예약했다. 마야 원주민 마을에 가기 위함이었다. 산크리스토발의 정식 지명은 산크리스토발 데 라스 카사스이다. 라스

산크리스토발 버스 정류장 앞의 모습.ⓒ노용석

카사스……. 스페인과 포르투갈의 식민지 정복 당시 수많은 라틴아메리카 원주민들이 신의 이름하에 죽어갔다. 누구도 이러한 세태에 대해 언급하지 않을 때, 라스 카사스는 성직자임에도 불구하고 원주민의 인권을 위해 헌신적으로 삶을 살아간 이였다. 이러한 라스 카사스의 정신이 살아남아 있어서 그러한 것일까? 산크리스토발 주변에는 아직까지 상당히 많은 마야 원주민 마을이 그대로 보존되어 있고, 이들의 토속 종교가 가톨릭과 융합되어 찾아오는 이들의 호기심을 자극하고 있다. 우리가 가고자 했던 마야 원주민 마을은 차물라(chamula)였으며, 가톨릭과 마야 토속 신앙의 융합으로 잘 알려진 곳이다. 물론 지금은 너무나 관광 상품으로 변질되어 보는 이의 마음을 좀 더 아프게 하는

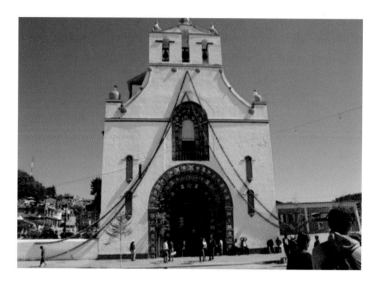

차물라 교회의 전경.ⓒ노용석

구석은 있었지만.

산크리스토발에서 차물라는 차로 약 20여 분 남짓 떨어진 위치에 있었다. 마치 마을의 명성을 이야기해 주는 듯, 우리가 가는 길에 미국인 10여 명이 함께 동행하고 있었다. 이들도 아마 어디선가 차물라 마을의 이야기를 듣고 여행을 온 것이겠지?

차물라에 도착해 처음 본 것은 마을의 공동묘지였다. 이 묘지를 지나 마을 입구로 들어서자 라틴아메리카 어느 곳에서나 볼 수 있는 친숙한 풍경이 일행을 맞이하고 있었다. 다만 좀 다른 것이 있다면 거리에 늘어선 이들이 마야 원주민 복장을 하고, 지나가는 사람들을 의식하지 않은 채 지나가고 있다는 것 정도였다.

차물라 시장 바로 옆에 그 유명한 교회, 템플로 데 산 후안 (Templo de San Juan)이 있었다. 교회의 건축 양식이나 겉모습은 다른 지역의 것과 큰 차이를 보이지 않았다. 하지만 이 교회는 다른 교회와 달리 내부에서 엄격하게 사진 촬영과 동영상 녹화가 금지되어 있다. 교회에 처음 들어갔을 때, 아직까지 생생하게 기억나는 것은 내부 바닥에 깔려 있던 솔잎과 주문 소리, 어두운 내부에서 불을 밝히고 있는 수많은 촛불과 거울들, 그리고 갖가지 음료수 병들과 보자기에 싼 닭을 갖다놓고 무엇인가 주문을 외우고 있는 마야의 샤먼들이었다. 차물라 교회는 현재까지도 가톨릭 신앙과 토속 종교가 결합된 의식을 교회 내부에서 행할 수 있으며, 당시에도 산 닭을 죽여 피를 내는 의식이 교회 내부에서 진행되고 있었다. 현재 이러한 의식은 상당 부분 전 세계 각지에서 자신들을 찾아오는 관광객을 위해 준비된 경향이 없지 않아 보였지만, 하지만 명확한 것은 이 내부에서 종교의 엄격성과 교리의 획일적 해석 등의 여지는 보이지 않았다는 것이다.

차물라 교회에 대해서는 아직까지 상당한 논란이 일고 있는 것이 사실이다. 하지만 신앙의 공존이라는 측면에서 다양한 문화를 공존하고 있다는 점에서 상당히 시사해 주는 바가 크다.

__자연과 함께 살아가는 우이촐족

박종욱

우이촐족의 수공예 예술품.

우이촐족에 관심을 갖게 된 것은 EBS 세계테마기행 〈비바 멕시코〉편의 출연자로 섭외되면서부터였다. 그들에 대한 정보라고는, 달랑 몇 가지뿐이었다. 산간 오지에서 자신들의 삶의 전통적 방식과 의식 구조를 유지하며 살아간다는 피상적인 정보 몇 개를 사실(Fact)로서 접하면서, 혹시 나도 서구 제국주의적 사고방식으로 그들의 삶을 지켜보게 되면 어쩌나, 내심 불안했다. 내가 의식하지 못하고 있지만, 내 안에 '타자화의 시선'이나 '서구 모방하기 의식'이 있으면 어떻게 하나 걱정이 되었던 탓이다. 사실, 숨 가쁘게 조국 근대화를 겪고, 세계화와 글로벌 환경에 적응하느라 길들여진 '나'와 '우리'가 아니던가.

멕시코는 오랜 역사와 광활한 영토만큼이나 지닌 이야기가 풍성하다. 21세기 글로벌 환경과 신자유주의를 얘기하는 현대에도 멕시코에는 여전히 260여 원주민 종족이 살고 있다고 한다. 그렇다고, 미국 서부 개척 시대를 미화하고 신화화하는 대중적 접근 방식의 '서부영화'에 등장하는 그러한 원주민들을 찾을수 있는 것은 결코 아니다. 아무리 오지라 할지라도, 상수도와 전기 시설을 비롯한 기본적인 삶의 조건들이 없이 살아가는 원주민들을 실질적으로 찾아보기 어려울 수밖에 없다.

테펙에서 만난, 우이촐 사람들은 밝았다. 문화행사를 통해 자신들의 문화적 정체성을 안으로 확인하고, 밖으로 알리는 의도

우이촐족 원주민 부락에 찾아갔다. ⓒ박종욱

는 필자의 마음에 들었다. 멕시코 서부 나야릿 주의 주도인 테픽에는 정부의 원주민 이주 정책의 일환으로 산간 오지에 흩어져 살던 우이촐족들이 많이 이주해 살고 있다는 사실을 실감할 수 있었다. 자립 방안을 위해 상품화한 1밀리미터 지름의 구슬을 꿰어 만든 차킬라 수공예 상품들은 정성이 가득했지만, 최근 중국에서 수입하는 유사품 때문에 골머리를 앓고 있었다.

테픽은 주변에 화산 지형이 많은 약 900미터의 해발고도에 자리 잡은 식민 도시이다. 기온이 온화하고, 멕시코의 다른 지역에 비해 적절한 습도와 풍성한 산림자원 덕분에 나름 안정적인 생활을 보장하는 조건을 갖추고 있지만, 여전히 산간 오지인 아구아밀파(Agua Milpa) 주변에 살고 있는 우이촐족의 생활 여건은 한편으로는 종교 문화를 중심으로 전통을 많이 보존하고 있었지만, 다른 한편으로는 정부의 보조금에 의존해야 할 만큼 경제적 곤궁을 겪고 있었다. 기본적인 전기 시설은 제대로 가동되지 않고 있었고, 지하수로 개발된 물은 위생 상태가 좋은 것은 아니었다. 하지만, 주술사 로메오의 집에서 대접받은 토르티아는 입 안에 감도는 석회 맛에도 불구하고, 필자의 마음을 따스하게 해주기 충분했다. 삶의 터전을 떠나, 도시의 집단 주거 지역에 사는 우이촐 사람들과 산간 오지에 살고 있는 우이촐 사람들 사이에서 공통적으로 느낄 수 있었던 것은 비록 문명의 혜택에서는 외형적인 커다란 차이가 확연할지라도, 자신들의 뿌리와 문화, 그리고 종교적 의식과 의례를 향한 그들의 마음에는 다름의 판단을 적용하기 힘든 끈끈한 '그들의 방식'이 여전했다는 사실이다.

사실, 드넓은 지역에 분포되어 있는 이들 대부분 원주민 종족들은 저마다의 속도와 리듬으로 현대 문화에 적용하는 방식을 찾아가고 있으며, 비록 자신들의 토착 언어와 문화를 꾸준하게 잃어가고 있는 상황에 놓여 있기는 하지만, 그래도 나름의 문화적 토대를 유지하고 있는 모습이었다. 원주민들의 숫자와 문화적 토대가 점차 사라지는 이유들 가운데에서도 현대화의 물결에 역행할 수 없는 최소한의 조건들이 있는데, 이는 바로 교육과 의료, 최소한의 경제적 안정 등이다. 어쩌면, 원주민들의 삶은 외형적으로 멕시코 서민들의 삶과 결코 다르다고 할 수 없다는 편이 옳을 수도 있겠다.

추수 의식인 에스키테 행사에서 체험할 수 있었던 그들의 자연과의 교감과 삶의 지향점은 '태양'과 '사슴'과 '페요테 선인장'을 중심으로 여전히 자신들의 신화와 역사가 혼재된 채 스스로의 생각과 의식 속에 삶의 양식을 보존하고 있는 흔적을 확인할 수 있었다.

우이촐족은 멕시코 서부 지역을 중심으로 약 오만 명에 이를 만큼 그 세가 긍정적 의미를 지닌다. 하지만, 중요한 것은 원주민들의 숫자가 아니라, 그들이 얼마나 자신들의 전통적 삶의 가치를 잃지 않은 채, 자기들의 삶의 방식에 대한 자긍심에 상처를 입지 않고 살아가고 있느냐, 하는 의식의 문제가 아닐까.

자신들의 삶을 고집하는 것이 아니라, 나의 내면을 자연스럽게 유지하면서도, 필요한 것들에 자신을 맞춰 가지만, 무리하지 않는 리듬과 속도로 변화를 받아들이고, 자신을 유지하는 것, 그것이 진정한 의미에서 '긍정적 혼종성(Positive Syncretism)'이 아닐까. '나'의 삶의 방식을 타인에게 강요하는 것이 아니라, '타인'의 삶에서 나를 반추하는 기회를 갖는 것은 어쩌면, 타인이 아니라 나 자신을 위한 성찰의 순간은 아닐까, 우이촐족과의 만남은 세계와 글로벌에 취해 있던 내게 성찰의 기회였다.

___카스타 전쟁의 현장을 찾아서

정혜주

티호수코의 교회. 창이 두 개 가로지르는 옛날의 십자가. ⓒ정혜주

멕시코의 유카탄 반도는 카리브해의 아름다운 풍광과 우슈말, 치첸이사, 툴룸 등의 마야 문명의 유적지로 세계적으로 잘 알려진 관광지이다. 동시에 유럽에서 중남미로 가는 입구에 위치해 있어서 16세기에 스페인이 아메리카를 침략할 때 가장 많이 핍박을 당한 지역이기도 하다. 2009년은 멕시코가 스페인으로부터 독립을 하기 위한 첫 목소리를 낸 지 200년이 되는 해이다. 이 기념비적인 해를 기념하기 위하여 2009년 마야 학회의 주제는 독립과 전쟁이었는데, 그 표지에 카스타 전쟁의 장면을 내걸었다.

　유카탄은 멕시코의 동부, 미국 플로리다의 남쪽 과테말라와 벨리세와 접경하고 있는 반도이다. 유카탄(Yucatan) 주, 킨타나로(Quintana Roo) 주, 캄페체(Campeche) 주로 이루어져 있다. 이 지역은 고대 마야 문명이 번성했던 곳으로 1519년 스페인의 침략자들이 올 당시에도 수많은 마야 사람들이 살고 있었다. 반도의 북쪽과 서쪽 해안, 메리다(Merida)와 캄페체를 중심으로 그 일대는 곧 스페인의 지배 아래로 들어갔으나, 일부의 마야 사람들은 식민 정치를 피하여 셀바가 깊은 치아파스와 유카탄 반도의 동쪽과 남쪽에서 숨어서 살았다. 오랫동안 그들이 사는 곳에는 백인들의 손이 미치지 못하였다.

　유카탄의 카스타 전쟁은 1847년에서 1901년 사이에, 멕시코의 유카탄 반도에서 마야 원주민들과 라디노로 불렸던 백인계 지배층과의 사이에 있었던 사건이다. 이 전쟁이 특별한 것은 1847년부터 1854년까지 보여준 폭력성과 1854년에서 1901년 사이의 '말하는 십자가'를 따르는 원주민 공화국의 존재 때문이다. 카스타 전쟁이 터진 날은 1847년 7월 30일로 잡고 있다. 그러나 전쟁은 이미 오래전부터 시작되어 있었다. 독립을 하면서부터 멕시코 중앙정부의 한 주로 남고자 하는 중앙집권주의자와 유카탄의 독립을 외치는 연방주의자로 분리된 유카탄의 라디노 정치인들이 반목하면서 일으킨 전쟁의 용병으로 마야 원주민들을 끌어들였기 때문이다. 7월 30일은 카스타 전쟁의 세 원주민 지도자, 마누엘 안토니오 아이(Manuel Antonio Ay), 하신토 파트(Jacinto Pat), 세실리오 치(Cecilio Chi) 중에서 아이가 백인들에 의해 처형되자, 치가 보복을 목적으로 테피치 마을을 공격한 날이다. 유카탄의 현재의 역사는 카스타 전쟁의 정당성을, 비록 독립이 된 후에 일어났으나, 식민지 시절에 이루어진 백인의 압제에 대항하여 일어난 원주민의 반란으로 보고 있는 것이다. 사실은 이 전쟁에서 원주민이 승리를 했다고는 볼 수 없다. 그들은 1847년 8월부터 1848년 2월까지, 불과 6개월 동안 백인과의 전쟁에서 승리를 했다. 그 승리의 끝에 파트와 치도 죽었다. 그들은 동족인 마야 사람들의 손에 의해 살해되었다.

세 명의 위대한 지도자들이 모두 죽고 전쟁은 더욱 혼란해졌으나 그들은 약 60년을 버틴다. 파트의 부관이었던 호세 바레라가 멕시코 군대에 쫓기다가 찬 산타 크루스(Chan Santa Cruz)에서 '말하는 십자가'를 발견했기 때문이었다. 십자가가 발견된 작은 세노테 안의 동굴 옆에 마을이 세워졌다. 순식간에 300호가 들어서고 십자가를 따르는 사람들로 '원주민 공화국'의 중심이 되었다. 무장한 사람들로 이루어진 군사 체제와 '말하는 십자가'의 힘을 믿는 두 가지 요인으로 반란자들은 서로 다른 마을 출신지라는 반목을 극복하고 새로운 사회로 합쳐졌다. 멕시코 중앙정부와 유카탄 주 정부의 군대는 끈질기게 공격을 하였다. 바레라를 비롯한 지도자들은 다 죽었다, 하지만 '말하는 십자가'는 살아남았다. 찬 산타 크루스는 1901년이 되어서야 무너졌다. 기록에 의하면 전쟁에 참가한 자는 85,091명이며, 동쪽에 사는 거의 순수 마야 원주민 참가자는 11,000명이었다.

2009년 12월 30일, 칸쿤에 도착했다. 그리고 동쪽 해안을 따라 카릴료 푸에르토(Carillo Puerto)로 갔다. 이 허름한, 작은 도시의 옛 이름은 '작은 성스러운 십자가'라는 뜻을 지닌 찬 산타 크루스(Chan Santa Cruz)였다. '말하는 십자가(Cruz Parlante)'를 모시고 있는 교회가 있는 곳이다.

여름의 더위가 끈적끈적하게 달라붙는, 허름하고 삭막한 도시이다. 사람들에게 묻고 또 물어 '작은 십자가', '찬 산타 크루스'가 있는 곳에 도착했다. 구릉진 석회암의 암반에 구멍이 뚫려 비가 고여 있고 사이사이에 오랫동안 큰 나무들이 숲을 이루고 있는 사이로 마야의 초가집이 보였다. 그 옆으로 별로 크지는 않으나 말쑥하게 하얀 칠을 한 교회당이 있었다. 입구의 한편에는 검은 십자가 세 개가 그려져 있고, 다른 한 편에는 킨타나로 주 정부에서 인정하는 '말하는 십자가의 성소'라는 팻말이 붙어

위: 찬산타 크루스 예배당.

왼쪽 아래: '말하는 십자가의 성소'라고 쓰여 있다.

오른쪽 아래: "신발을 신고 들어가지 마시오."

카스타 전쟁 시절에 썼던 '세 개의 검은 십자가'로 서명을 하였다. 십자가의 사람들은 아직도

살아 있는 개념이라는 것을 짐작할 수 있다. ⓒ 정혜주

있다. 말하는 십자가는 전에는 노천에 있어서 볼 수 있었으나 이제는 성소라고 이름이 붙은 건물 안에 있어서 외부에는 볼 수가 없다. 신발을 벗고 안으로 가 보니 푸른 색깔의 십자가가 울퉁불퉁 돌로 쌓은 벽에 그려져 있었다. 이 초라한 십자가가 그 옛날에 50여 년 가까이 마야 사람들이 멕시코 정부를 상대로 버틸 수 있는 힘이 되었단 말인가! 물론 이 십자가는 말을 한 적이 없다. 십자가 뒤에 누군가가 숨어서 말을 한 것이다. 그러나 그 허상은 그 옛날과 마찬가지로 오늘날에도 마야 사람들이 모이게 한다. '찬 산타 크루스'는 전쟁에 참가했던 주위의 마을에서 자발적으로 온 사람들이 돌아가면서 예배를 주관하고 십자가의 성소를 지키고 있다.

카스타 전쟁을 이끈 대표적인 인물인 하신토 파트의 고향인 티호수코(Tihosuco)는 그야말로 격전의 중심지였다. 그 이웃 마을인 테피치(Tepich)는 다른 한 명, 세실리오 치의 마을이다. 티호수코에는 카스타 전쟁의 사람들이 모여서 저항을 하고 예배를 드리던 교회가 아직도 그 자리에 있다. 포탄을 맞아서 윗부분은 날아가고 벽만 남았는데, 오늘날 지붕만 얹어서 마을 사람들은 예배를 보고 있다. 칸막이가 쳐져 있는 옆 마당에 검은 십자가 하나가 두 개의 붉은 창이 가로지르며 서 있다. 이것이 그 옛날의 성스러운 십자가이다. 무너진 벽 사이로는 하늘이 보이고, 임시로 덮은 지붕 밑이지만 교회당 내부는 아주 깨끗하고, 새로 그린 듯, 깔끔한 벽화가 양 벽에 그려 있다. 아기 예수가 태어나는 상황, 예수가 설교하는 모습 등, 카스타 전쟁과는 상관이 없는, 기독교의 전형적인 종교적 내용의 그림들이었다. 사람들이

티호수코의 교회. 벽과 천장이 날아갔다. ⓒ정혜주

예배를 보고 있었다. 무심한 세월처럼 무심한 사람들인가. 그러
나 교회의 마당을 빠져나와 마을의 중앙광장으로 발길을 돌리
면 멀리서부터 검은 모습으로 우뚝 서 있는 동상이 눈에 띈다.
맨발에 짧은 바지를 입고 마야 원주민들이 사용하는 칼인 마체
테(Machete)를 비껴들고 있는 하신토 파트이다. 광장의 모퉁이
에는 길의 방향이 표시되어 있는데, 화살표 하나가 티호수코 박
물관을 가리키고 있었다. 카스타 전쟁 박물관이다. 안에는 당시
에 썼던 녹슨 총들과 총알, 전쟁의 원주민 지도자들의 사진과 연
필로 그린 얼굴들이 있다. 작은 우이필에 세 개의 십자가를 수놓
아 검은 십자가 위에 걸어둔 것도 있다. 박물관 그 어느 구석에
도 원주민을 상대로 싸운 백인들의 모습을 기념한 흔적은 없다.

마야 원주민이 분노의 칼을 치켜든 모습(바야돌리드 소재).ⓒ정혜주

이곳에서는 마야 원주민이 주인공이다.

카스타 전쟁에서 백인들의 전쟁에 용병으로 참여했던 마야 사람들은 이 전쟁을 원주민 대 백인계 사람들의 싸움으로 바꾸었다. 이곳의 사람들은 전쟁이 어떻게 시작했고, 내용이 어떠했는지는 모른다. 그들은 하신토 파트가 백인들의 압제와 박해를 물리치고 마야 원주민들에게 좀 더 나은 삶을 주기 위하여 일어났다고 생각한다. 그리하여 매년 7월에는 카스타 전쟁을 기념하는 행사를 한다. 사건을 기억하는 연극제와 카스타 전쟁에 대한 학술회를 개최하여 기록을 모으고, 사건을 연구하고 오늘날의 의미에 대해 토론한다. 즉 전쟁의 경과나 결과가 어떠했든 간에 이 사건은 원주민을 모으게 하고 하나로 하여 그들의 문제를 생각하고, 그들의 권리, 앞으로 나아가야 할 방향을 의논하고 생각하게 하는 매체로서의 역할을 톡톡히 하고 있다.

하신토 파트의 동상은 '말하는 십자가'만큼 허상이다. 그러나 마야 사람들에게는 아니다. 그들은 그 허상을 통하여 그들 자신을 보고 있고, 과거를 반성하고 미래를 꿈꾸고 있다. 이쯤 되면 이 허상들은 허상이 아니라 실제가 된다. 십자가는 마야 원주민들을 위하여 말을 하였고, 하신토 파트는 원주민을 위하여 분연히 일어선 위대한 영웅이다.

식민지 시절에 '동방의 술탄'이라 불렸던 바야돌리드는 카스타 전쟁이 일어나게 된 실제적인 이유가 있었던 곳이다. 이 도시는 식민지 시절에 백인의 비율이 가장 높았던 지역으로, 원주민들은 들어갈 수 없었던 곳이었다. 따라서 전쟁 중에 가장 처절한 학살 사건이 있었던 곳이기도 하다. 이곳의 박물관에 걸려 있는 그림이 바로 마야 학회의 표지에 나온 카스타 전쟁의 모습이다. 박물관에는 바야돌리드의 역사와 카스타 전쟁의 발발과 추이가 사진과 함께 기록되어 있고, 전쟁 당시에 백인 정치인들이 주고받은 편지도 전시되어 있다. 물론 마야 원주민들의 삶의 모습도 잘 보여주고 있다. 바야돌리드에서는 티호수코와는 달리 카스타 전쟁을 역사의 한 부분으로 기록하고자 하는 모양이다. 바야돌리드는 주위의 마을에서 가난한 원주민들이 몰려드는 곳이다. 동시에 가장 화려한 마야 원주민의 문화를 팔고 있는 곳이다. 독립을 통하여 원주민은 무엇을 얻었을까? 다시 생각하게 한다.

필자

(가나다순)

구경모 부산외국어대학교 중남미지역원 HK교수

김선호 여행가

김순배 칠레대학교 박사과정

김언주 부산외국어대학교 중남미지역원 석사과정

김우중 대구가톨릭대 교수

김은희 경희대 스페인어학과 외래교수

노용석 부경대 국제지역학부 교수

박종욱 중남미 지역 전문가

서성철 전 부산외국어대학교 중남미지역원 HK연구교수

이유주 부산외국어대학교 중남미지역원 석사과정

이정은 부에노스아이레스대학 석사

이태혁 부산외국어대학교 중남미지역원 HK연구교수

임두빈 부산외국어대학교 중남미지역원 HK교수

임수진 대구가톨릭대 중남미학부 교수

임효상 경희대 스페인어학과 교수

장혜영 부산외국어대학교 스페인어과 외래교수

정혜주 중남미 고고학 전문가

차경미 부산외국어대학교 중남미지역원 HK연구교수

최명호 부산외국어대학교 중남미지역원 HK연구교수

최영민 마산창원노동자풍물패연합

최홍주 울산대학교 스페인 · 중남미학과 교수

내가 라틴아메리카에서 보고 들은 것들

1판 1쇄 발행 | 2018년 6월 15일

지은이 | 중남미지역원
디자인 | 디자인호야
펴낸이 | 조영남
펴낸곳 | 알렙

출판등록 | 2009년 11월 19일 제313-2010-132호
주소 | 경기도 고양시 일산서구 중앙로 1455 대우시티프라자 715호

전자우편 | alephbook@naver.com

전화 | 031-913-2018, 팩스 | 02-913-2019

ISBN 979-11-89333-00-3 03950

* 이 저서는 2008년 정부(교육과학기술부)의 재원으로 한국연구재단의 지원을 받아 수행된
연구임 (NRF-2008-362-A00003)